华章经管

HZBOOKS | Economics Finance Business & Management

长期主义　价值共生

解码中国管理模式2020

中国管理模式50人+论坛
华夏基石管理咨询集团　著

机械工业出版社
China Machine Press

图书在版编目（CIP）数据

长期主义 价值共生：解码中国管理模式 .2020 / 中国管理模式 50 人 + 论坛，华夏基石管理咨询集团著 . -- 北京：机械工业出版社，2022.1
ISBN 978-7-111-69914-9

I. ①长… II. ①中… ②华… III. ①企业管理 – 管理模式 – 研究 – 中国 IV. ①F279.23

中国版本图书馆 CIP 数据核字（2021）第 261763 号

本书通过解读“长期主义 价值共生”的时代管理主题，结合作者实地调研云南白药、科大讯飞、京东方、中国一拖等 10 余家企业的管理实践，总结提炼了陈春花和徐少春等 20 位“大咖”的管理洞见，深入探讨企业管理层面临的挑战、机遇以及应对之策，希望为广大企业、读者提供丰富翔实的借鉴与参考。

长期主义 价值共生：解码中国管理模式 2020

出版发行：机械工业出版社（北京市西城区百万庄大街 22 号 邮政编码：100037）

责任编辑：秦 诗	责任校对：殷 虹
印　　刷：中国电影出版社印刷厂	版　　次：2022 年 1 月第 1 版第 1 次印刷
开　　本：170mm × 230mm 1/16	印　　张：12.75
书　　号：ISBN 978-7-111-69914-9	定　　价：79.00 元

客服电话：（010）88361066 88379833 68326294　投稿热线：（010）88379007
华章网站：www.hzbook.com　读者信箱：hzjg@hzbook.com

推荐序

以长期主义价值观推动企业可持续发展

陈春花

中国管理模式 50 人 + 论坛创始发起人

北京大学国家发展研究院 BiMBA 商学院院长

新冠肺炎疫情之下的 2020 年，中国管理模式杰出奖所关注的这些优秀企业都有一个核心的共同点：坚持长期主义价值观，并积极推动着社会的进步。我们认为，这是它们在特殊年份仍可持续发展的核心原因。

数字经济时代，四种形式的共生态

加快更新迭代步伐的技术，带来的是商业的范式变化，这对管理者和管理本身提出非常多的挑战。具体而言，现代企业的管理者应该对机器与人的关系有全新而深刻的认识。要认识到机器和人之间新的组织形态，其实是四种形式的共生态，即“互利共生”“偏利共生”“偏害共生”和“吞噬替代”。一名优秀的企业家，应该努力追求前两种共生态，而尽量避免后两者。

数字经济时代，人工智能导致组织构成元素及其组合发生了变化，进而让企业管理者面对更加复杂的变化，尤其是对行业的重新认知。今天很多行业的壁垒因为数字技术而被打破，企业拥有核心竞争力的保护时间越来越短，人与人之间、人与社会之间、企业与企业之间、组织与组织之间的信任成本也被重构，从而造成生产关系的调整。在这种从生产力到生产关系都被调整的深层次变化中，企业家应该思考什么是不变的，是需要我们坚守的，这就是企业要建立的核心价值和社会责任体系。

一个优秀的企业，不仅要创造商业价值，更要与社会共生，为社会长期持续地创造价值。我们发现，本届遴选的获奖企业有一个特点：在创造了巨大的商业价值的同时，实现了与社会的共生。这些就是一个优秀企业所应具备的长期主义价值观，也是一个企业能长期持续发展的根本所在。

长期主义价值观赋予企业家的五项素质

持有长期主义价值观的企业家所具备的五项素质分别为责任型领导观、义利统一价值观、与社会需求协同的能力、共生型组织观与价值的回归。

责任型领导观

一个企业家要想成为长期主义者，首先必须是一个责任型的领导。这种责任来源于真实的市场、真实的压力以及真实的选择。持有长期主义价值观的企业家必须明白，我们不仅对企业的商业责任负责，更要对自己与企业相关的所有的要素负责，无论是客户、利益相关者、社会公众还是整个社会，这样才能真正称得上是一个责任型的企业领导。

义利统一价值观

一名长期主义者，还应该形成义利统一的价值观。须知，社会价值和商业价值其实是一对互不冲突的统一概念，企业的盈利必须来源于对人性的关怀，如此企业才能避免昙花一现的局面，实现可持续发展。因此，一名持有长期主义价值观的企业家，在义利统一价值观的坚持上一定是没有丝毫犹豫，而且是非常清晰的。

与社会需求协同的能力

持有长期主义价值观的企业家，其能力跟社会需求之间应该实现协同。新冠肺炎疫情期间，社会上有大量企业积极主动参与疫情防控战，这说明企业将它的能力和社会需求进行协同的时候，恰恰是“长期主义”非常好的体现。

企业家们须知，在商业社会，企业家拥有更强的能力去解决行业领域以及社会存在的各种问题，只要愿意将自身能力与社会需求实现协同，就会成为价值共生和长期主义者。

共生型组织观

长期主义者应该具备共生型组织观，并创造出一个共生型的组织，以提高企业对社会赋能的能力，实现总体价值的最大化，推动企业和社会的进步。

价值的回归

持有长期主义价值观的企业家，应该实现价值的回归。在不断变化的时代里，我们应该坚持回归到对价值，尤其是对社会价值的创造上，如此才能真正帮助企业实现可持续发展。

只有坚持“长期主义”和“价值共生”，才能把企业和商业融入社会当中，让商业社会成为共生的状态，让人们的生活因为商业变得更加美好，让现代社会因为企业家的努力而日新月异。

推荐序 II

数字化时代，管理的本质依然是以客户为中心

徐少春

中国管理模式 50 人 + 论坛创始发起人

金蝶集团董事会主席

我认为，管理的本质没有变，变的是管理的方法、工具。管理的本质是以客户为中心，新技术给企业、给管理带来很多变化，但以客户为中心的本质依然没变。新的数字化技术扩充了人的能力范围，让眼睛看得更远，让手脚伸得更长，让人类的思考力变得更强。比如说，在一系列的日常管理场景当中，有了数字化技术的帮助，管理者对细节可以看得更清楚。尽管有了数字化技术的加持，但是否采取行动，采取什么样的行动，依然取决于管理者的“内心”，取决于其是否以客户为中心，是否为客户创造价值，是否坚守做企业的“初心”。因此，数字化技术并没有改变管理以客户为中心的本质。

虽然数字化技术没有改变管理的本质，但是数字化技术的发展对于企业管理方式的冲击却是巨大的。这种冲击表现在两个方面，一方面是数字资源的特点，另一方面是企业怎么利用资源创造价值。数字资源有两个非常重要的特点：第一，即时性，通过数字化的方式可以实现即时性的连接；第二，虚拟性，数字资源不仅可以重复利用，而且在共享过程中也没有丢掉稀缺性，这让人类对资源的理解会发生一些改变。过去强调资源的独占性是因为资源稀缺，而在今天数字化的背景下，可能更加强调资源的共享，在共享过程中创造价值。同时，数字化过程中也会面临困难，首先是安全性，其次是隐私。对企业来讲，如何利用新的技术进一步提高产品的质量、提升用户的体验是十分重要的课题。因为数字的虚拟世界是无穷无尽的资源世界，所以数字化会影响企业的组织结构，影响业务产生的方式，进而影响企业的管理模式。

中国管理模式的“三角模型”顶端是中国哲学、中华的传统文化，管理者的管理艺术来自其内心的一种哲学，有怎样的“心”就有怎样的灵感和艺术；底部一角是管理的实践，也就是“经验”，是多年来形成的独到的管理技巧；底部另一角是现代管理的科学，通过借助一定的科学原理和技术手段，提高管理的效率。英雄所见略同，这个三角模型在第十届中国管理·全球论坛上获得了线上参会的管理大师亨利·明茨伯格的认可。

我认为，中国管理模式因为有“中国”二字才有魅力。中国的企业家或者管理者，因为受中华五千年文明的熏陶和影响，有很多相同的价值观。这些价值观背后的哲学会形成中国管理模式的特性，正如 2020 年中国管理·全球论坛的主题“长期主义 价值共生”。如今，新冠肺炎疫情还在全球持续，之所以在危机中谈论管理的变与不变，就是要中国的企业家们回归“初心”再出发！

目 录

总论
|

长期主义 价值共生

2020中国管理模式50人+洞察报告

◎ 马旭飞 / 中国管理模式50人+论坛联席秘书长 / 清华大学经济管理学院教授

《C50+年度洞察报告》是C50+（中国管理模式50人+论坛，简称“C50+”）成员长期深入企业管理一线，创新线上线下调研模式，深度解读杰出企业变局时代下的新生之道的重要成果之一。C50+于2017年由“中国管理模式杰出奖理事会”升级而来，创办至今已逾13年，其创办初心即搭建企业家与学者的交流平台，旨在通过促进理论与实践的交流和合作，推动中国企业管理进步。

2020年因新冠肺炎疫情、经济下行、中美关系紧张等变得特殊，且不断变化的宏观环境为企业经营带来了巨大挑战。然而，如此特殊的环境下仍有许多中国企业通过不断探索和创新管理模式实践，转危为机、逆势前行。这反映出中国企业即便处于不确定性环境中，亦能凭借自身战略与组织的柔性和韧性从容应对，并坚持终极使命与长期价值导向。因此，C50+ 成员认为应该从“长期主义 价值共生”出发，洞察中国优秀企业管理模式，进一步为企业实践和管理研究带来启发。

何为“长期主义 价值共生”？从时间维度看管理，就是观察企业对“长期主义”的坚持程度；从空间维度看管理，则是检验企业对“价值共生”的实践水平。围绕这一主题，C50+ 通过创新性、可借鉴性、可持续性等多维特性对企业进行筛选评判。同时，为因应 2020 年的特殊环境，C50+ 还在原有的“中国管理模式杰出奖”“中国管理模式创新奖”的基础上，特别增设了“中国数字化突破实践奖”。

经过层层筛选，最终 14 家企业脱颖而出，荣获相关奖项。其中云南白药、青岛啤酒、科大讯飞、京东方和中国一拖荣膺“中国管理模式杰出奖”；七匹狼、杰克缝纫机、百果园和易事特获得“中国管理模式创新奖”；桃李面包、比音勒芬、弘阳服务集团、张家口银行和深圳市人才安居集团获得“中国数字化突破实践奖”。

在《C50+ 年度洞察报告》中，C50+ 成员们对上述 14 家企业的管理模式与创新实践做出了深刻点评，具体内容如下。

云南白药：坚持“一切归零”“未来已来”的企业文化，在制度、营销、组织、产品等多方面持续创新，为其践行长期导向、实现长远发展提供了核心驱动力。让中药生活化、便捷化、时尚化，不断为客户创造价值；内创与淘汰机制并行，推出股权激励，与员工共同成长；坚持“共享”“感恩”“尊重”的理念，与合作伙伴共建生态圈；为传统中药文化以及区域经济的发展提供向上的驱动力，创造长期的社会价值。

青岛啤酒：坚持产品品质优先，围绕消费者，实施科技、产品、商业模式、制度等全方位系统性创新，历经 117 年依然保持生机活力。在数字经济时代，进行产品数字化、生产运营智能化、服务敏捷化、供应链金融创新等全面布局，以消费者为中心，以建设啤酒行业内首家工业互联网平台为抓手，带动上下游企业数字化改造，形成板块间深度关联、跨界融合、利他共生的“啤酒 +”产业生态圈系统。

科大讯飞：赋予“顶天立地”新内涵。“顶天”就是为了在中文语音相关人工智能技术领域世界领先，一方面持续将年收入的 20% 投入做研发，另一方面在技术路线的选择上非常谨慎和精准；“立地”就是在选目标市场的时候，以解决制度难以解决的社会问题为原则。科大讯飞正在其平台上赋能垂直赛道独立发展，构建共生商业模式。

京东方：深耕显示产业，坚持“要么不做，要做就做最好”的企业文化，战略清晰、专心专注的创新驱动理念，以“业务流程化、流程数据化、数据资产化”为原则，稳步推进流程体系优化，追求流程效率最优化和人均效能最大化。京东方人长期保持着对集体事业永不言难、永不言累、永不言败、永不满足的追求；与全球生态伙伴共生发展，协同创新、创造价值、赋能场景，共建物联网生态系统，共担社会责任。

中国一拖：通过承担使命、长期投入、自主创新来践行“第一”的价值追求，成就“第一”的行业地位；突破“卡脖子”技术，始终抓住“核心技术、一流产品”这个主线，形成了系统化的有自主知识产权的农机技术，进一步转化为高技术含量与高质量的产品。打造长价值链，实现了拖拉机价值链的“自主、自足”，通过东方红云平台以完整的信息化系统覆盖业务及管理过程，并在上下游的客户关系管理上体现融合共生。

七匹狼：长期走独立自主的品牌发展之路，提出产品为王、IP 文化和数字化转型的三驾马车战略，以及品牌力、产品力、零售力、组织力、数智力的新五力模型。坚持“客户为本，保持狼性，拥抱变化，合作共享”的价值观，提出三个新维度的“价值共生”：数字化企业的新员工新思维和老员工老思维之间，数字化经济的供应链、品牌商、平台方、消费者之间，数字化社会的人类、动物和人工智能之间的“价值共生”。

杰克缝纫机：从一家小作坊发展为全球销量领先的工业缝纫机品牌，一直秉持“价值共生”的理念，任用有能力的非家族经营管理者，坚持向外学习，并在与下游企业共创价值中赢得市场。在数字经济时代，积极培育产业链生态，致力于由一家设备制造商突破转型为服务于整个服装制造大产业的智能企业。杰克缝纫机虽为家族企业，但在组织、企业文化、人力资源以及数字化产品与平台等各个方面都表现出了“价值共生”的思维。

百果园：以很强的持续模式创新能力，构建水果品类连锁模式，打造水果产业链模式，持续地投入资源并足够耐心地研究可商业化的好吃的水果的种子，采用数字科技成功改造连锁模式，用产业互联网的模式建立了可以赋能农业产业的平台。展示了可刚可柔、既刚又柔、刚柔相济的阴阳太极思维和管理架构，具有鲜明的中国管理模式特点。长期致力于人的培养、创新管理、合作伙伴赋能，特别强调社会责任。

易事特："百年企业，百年品牌"的企业理念清晰地传递了其"长期主义"的信仰，并体现在技术创新与管理变革这两个方面。在国内最早开发分布式发电产品并形成品牌效应，在数字经济时代，不仅保持了传统业务的稳定发展，还在智慧城市、电力物联网、大数据与智慧能源解决方案等崭新领域进行布局。在易事特的倡导下，各地合作方构建统一目标，并相互信守承诺，围绕实现更高的客户价值不断地做出努力。

桃李面包：如何满足面包消费者快速送达和个性化的需求？桃李坚持以消费者为中心的核心理念，充分利用云计算、移动化等技术，构建了数字一体化的配送系统，结合面包在消费中返货率高的特点，有效地支撑了新鲜送达的战略，并支持快速发展；其数字化转型则体现在管理、决策和营销上。2015～2019 年，营收每年保持 15%～20% 的快速增长势头；在 2020 年，业绩依然实现了稳步增长。

比音勒芬：如何发展服装业的线上零售并积极构建数字化营销的运营模式？比音勒芬通过数字化会员管理系统建设，强化和统一消费者触达，并构建全渠道消费者营销模式，分阶段建设数字化营销体系，形成会员整合营销体系，建立会员盈利性数据分析模型，实现会员数据全业务链驱动。在实施会员管理系统后，业绩实现高增长；与腾讯开展战略合作，开启数字化营销新时代。

弘阳服务集团：如何通过数字化变革、科技手段赋能现代物业管理？弘阳智慧小镇一体化平台从架构上划分为云平台、智服务、惠生活，对不同层级用户提供相应的基础、增值、特约、和谐社区等服务。对内实现了所有信息系统互通，给决策提供依据；对外全面提升客户体验和企业品牌形象及满意度；信息化覆盖全员，全面支持移动办公，提效降本，支持未来多元化经营。

张家口银行：如何应对未来业务量增长、发展线上金融业务并进行数字化转型？张家口银行搭建“敏前台、大中台、强后台”的架构体系，发挥数据中台、技术中台、业务中台、风控中台对前台业务的支持作用，全面提升全行业务的创新创造能力和快速迭代能力，在软硬件上支持打造具有较强数据驱动力、场景获客力、风险管控力和科技输出力的开放银行、生态银行、科技银行。

深圳市人才安居集团：在未来，智慧安居如何进行数字化转型？深圳市人才安居集团按照其规划的数字化建设路线，分阶段实施：第一阶段实现了项目管理业务平台的搭建、主要业务基础数字化管理；第二阶段实现集团从经营、财务、成本、工程口径进行大数据分析，借助数字化分析加强企业管理，在规范管理、有效管控、决策支持等诸多方面进行数字化突破。

总论 Ⅱ

中国管理模式研究五原则

◎ 王方华 / 中国管理模式 50 人 + 论坛 2021 年度轮值主席 /
上海交通大学安泰经济与管理学院教授、前院长

中国管理模式的总结，首先必须符合管理学的基本原理。目前中国企业的管理经验，有的是从媒体宣传角度总结，有的是从中国文化角度总结，有的是从权力和财富的资本角度总结，这些都不符合管理学的基本原理，既站不住脚，也不是企业真正需要的。而 C50+ 提出的“长期主义 价值共生”，恰恰是今天所有企业都面临的一个共同的挑战，只有针对这两个层面总结出来经验，中国企业才能够把有价值的信息传播给全世界，在世界管理之林屹立不倒。

其次，中国管理模式研究的根是企业。近年来，中国企业

的数字化得到全世界的瞩目，中国企业在现代化转型的过程中，成为全世界企业的领跑者。如果我们把在这个过程中最具代表性的企业的经验总结出来，会比简单地说这个企业做了一百年更有意义。而在总结中国企业管理模式的时候不能忽略国有企业，因为它们是支撑国家经济发展的命脉。特别是在 2020 年的新冠肺炎疫情中，中国能够迅速控制局面，很大一部分原因是中国有不断发展的完善的经济体制，有能够集中力量办大事的国有企业。忽略这一点，就很难说是中国管理模式。

再次，中国企业管理研究的魂是文化。当下，数字化、互联网正在改变我们的经济生态，战略的内涵在变，财务的运作方法在变，同理，管理的基本原理也在不断更新。在理论和实践的结合上，大家应敏感地发现这种变化，跟上历史时代变化的步伐。我们认为，中国企业在世界舞台上正扮演着越来越重要的角色，未来管理学有可能在东方管理思想的熏陶下发生一些变化，因此这也提醒大家在总结中国企业管理模式的时候应当予以重视。

此外，中国管理模式是三位一体的。中国管理模式要具备三要素：第一要有一个好的企业，第二要有好的领头人，第三要有好的企业故事。按照三位一体的原则去总结，中国管理模式的经验应该体现出企业、企业家、企业案例故事这一整套的商业模式经验，并且这套经验是可以被复制、被借鉴的。离开了三要素中的哪一个，中国管理模式的概念都不完整。

最后，中国管理模式的研究需要立体化。从企业管理的过去、现在到未来，从一个点到一条线、一个面、一个平台、一个领域、一个行业，到最后得到一个立体化的结论。同时，总结出来的中国管理模式需要国际认可，让我们的经验变成出版物在世界上传播，这才是我们最终追求的中国管理模式的目标，这样的经验也才能被称作中国管理模式。

总论
Ⅲ

养老行业的长期主义价值观

◎ 谈义良　/ 中国管理模式 50 人 + 论坛 2021 年度轮值企业家召集人　/ 九如城集团创始人

养老行业目前正在高速发展，在未来的 20 年中，中国将有 3 亿～4 亿人步入老龄化，国家也已经制定了与老龄社会相关的中长期发展规划。但养老行业目前仍有发展与需求不匹配、服务主体良莠不齐、数字化普及率不高等痛点，只有将“长期主义”打造成养老行业的核心价值观，才能推动行业的健康发展。

九如城的长期主义价值观，主要体现在坚持初心、保持变革、永远向前、共创共享和共生共荣五个方面。在切入养老行业的前 12 年中，九如城共投入了 60 亿元，面对这种资金压力，如果不坚持初心，恐怕很难支撑下来。我认为每家企业都有迷茫和困惑的时候，这时不妨回想一下自己为什么要办这家企业，办这家企业的终极目标是什么，这种责任感是企业发展的根本核心。

变革是一家企业在发展过程中始终要面对的，一家企业只有学会拥抱不确定性，勇于不断打破边界，才能重新定义未来。养老作为传统行业，如果不能跟上数字化时代的步伐，很快就会被时代所碾压。2020年初突如其来的新冠肺炎疫情，更是加快了九如城的数字化转型步伐，目前九如城正在携手金蝶等伙伴，利用信息化、智能化技术来解决组织扁平化的问题。

我在48岁进入养老行业时，就制订了三个9年计划，合计27年，直到75岁退休为止。我通过三个9年，来规划整个养老行业甚至自己的人生，把"长期主义"变成推动自己向前的动力，指引企业的管理与人才的培养。九如城将每个9年计划，又细化分解为三个3年计划，目前已进入第四个3年。通过多年努力，九如城已在10多个省份、60余个城市开设康复医院及连锁运营养老机构200余家、社区中心800余家，拥有员工逾8000人，总床位数超50 000张，服务惠及百余万家庭。

最近的3年，九如城也在行业共享方面进行了不少尝试。我们推出的"99康养平台"，就以与全行业共享为核心。因为，我想为行业建设一些基础设施，用我们以前花钱买来的经验赋能行业，帮助行业少走一些弯路。

九如城的"价值共生"，更多体现在我们对目前养老行业的态势把握与发展助力上。我们认为养老行业在 5～10 年内拥有足够广阔的市场空间，因此不会出现激烈的竞争。养老企业要做的是，在一个专业细分赛道深耕产品，找准角度发挥自己的专长，提升自身的核心产品价值。九如城目前已进入盈利期，未来九如城希望能成为连接学界和企业的纽带，通过自己的成功模式赋能更多养老企业，最终推动整个行业的发展。

总论 Ⅳ

产业互联网推动企业“五新”变革

◎ 曹仰锋 / 中国管理模式 50 人 + 论坛 2020 年度轮值主席 / 香港创业创新研究院联合创始人、院长

在 2020 年这一特殊的年份下，企业正在不断重塑自己的使命，产业互联网已然成为新引擎，更多的新产业正在诞生，企业管理正在被重塑，新生态正在构建，简单总结为“新使命、新引擎、新产业、新管理、新生态”。

新使命

在商业模式上，连接赋能非常重要，因为产业互联网更多面向 B 端企业，所以说连接赋能是帮助传统企业进行降本增效的一个很重要的途径。除此之外，产业互联网还能让企业充分

挖掘数据，为企业带来经济价值。对于数据的挖掘，不仅要关注大数据，还要关注小数据，因为小数据的维度非常丰富，能更深刻地描述用户的行为。

新引擎

产业互联网正在极速融入企业的商业模式、产业模式、管理模式当中，已然成为新的引擎。产业互联网连接器的作用不断扩大，除了让机器与机器进行智能连接外，产业互联网还是产业的加速器、产业的催化剂。

新产业

传统的产品、传统的商业模式融合了新的技术后，可能会诞生一批新的产业，正如张瑞敏先生定位的“黑海战略”，帮助海尔从 2020 年开始迈向新的阶梯，从传统的以产品为核心的模式逐步转向“平台 + 生态”的模式。

新管理

从管理学过去一百多年的发展来看，技术的变革对于推动整个管理学进步来说非常重要。产业互联网作为一个技术的综合体，融入了 5G 技术、物联网技术、区块链技术等，这将进一步重塑管理，包括战略管理、运营管理、组织管理等都将进一步被重塑。我要特别强调在此背景下如何培养“组织韧性”：韧性的培养是需要长期主义的，是长周期的。机会主义导向的企业不可能有过强的组织韧性，因为组织韧性涉及战略韧性、文化韧性、领导力韧性、资本韧性等几大方面，会对整个组织管理带来影响。

新生态

“生态”一词虽然来自自然系统，但对于企业管理有很多的借鉴作用。互联网对新生代有非常大的促进作用，企业如何构建数字化的平台？企业如何构建数字化的模式以及以数字赋能为核心构建一个产业的生态？这些都是值得当下企业思考的问题。

希望未来有更多企业家、学者共同来促进产业互联网与产业的融合，提高企业的战斗力，共同在物联网时代实现“长期主义 价值共生”。

总论 V

数字化、互联化和智能化是未来十年产业大势

◎ 陈威如 / 中欧国际工商学院教授 / 阿里巴巴产业互联网研究中心原主任

互联网的飞速发展给各行业带来重大影响，无论是生产端还是消费端都见证了互联网带来的深刻变革。过去十年的互联化大部分都发生在靠近消费者端的两个环节：第一个是信息传播，这是受影响最大的一个环节；第二个是产品销售的渠道。所谓的互联化、数字化，也主要靠近信息传播和销售渠道这两个环节时，我们称之为消费互联网，而消费互联网的发展方向则是产业互联网。

产业互联网与销售互联网的打法有所不同，产业互联网的主要客户对象是企业客户，企业客户要的是质量和价值，因此我们就需要有更多的工匠精神和对于战略的定力，这时候应该

"先值"而"后量"，即先把价值做出来，我们的量就会提高。

产业互联网与数字化密不可分，数字化的可分享性、可复用性决定其本质，也决定平台化将成为行业升级迭代的新途径。平台商业模式在过去的十年改变很多，现在全球最大的100家公司里超过60家公司主要的收入都来自平台，全球最大市值的10家公司里面有8家都是有平台的产品商业模式的公司。平台的演进在未来会继续。

我们发现平台价值的创造方式，一开始从"连接"，即透过互联网能够创造更大规模的连接，人与人的连接，物与物的连接；再到"交易平台"，如淘宝、天猫、Uber等，都是做交易和撮合，如果现在大家想做平台已经不用执着于只做连接和交易，这已经不能实现差异化了，未来的平台将会把整个产业链用数字化工具管理起来。

一个管理者或者组织要想管理好上亿甚至几亿的人，必须具备"利他和赋能"的特质。具体而言，做好一个平台，战略打法很重要，但更重要的是人的心性修为，只有真心为这个行业、为员工做打算，才能得到各方的信任与托付，才能成为平台的共主。

企业数字化转型过程中需要思考五个问题：第一，回归到自己的专业，进行数字化升级，重新找回初心，了解自己最擅长的是什么，不要跟风去做自己不擅长的事情。第二，挖掘一些现在微小、非主流，甚至是非客户的东西，围绕着它创造价值，引爆规模，永远要问自己"我为谁创造什么价值"。第三，利用一些新兴的工具，如人工智能、大数据、物联网、5G，这些时代给我们的红利能够帮助我们管理过去管不到的东西，让它们可视化、可量化、可优化。第四，打造创新氛围的组织和按价值付薪的奋斗者文化。第五，数字化的领先者有极大的动机，能够向别人分享他们的数字化能力，数字化能力可以复用，能够规模化，帮助别人升级即利他的同时也能成就更好的自己。

第一章

云南白药模式与未来展望

| 企业速写 |

百年企业的再造之路

1902 年，彝族名医曲焕章先生融合中华传统医学与民族医药，创制出云南白药。云南白药以其独特、神奇的功效被誉为“中华瑰宝，伤科圣药”，也由此成名于世、蜚声海内外。作为中国中医药行业领跑者之一，云南白药享有“伤科圣药”“药冠南滇”的美誉。

在 20 世纪 90 年代初，国货云南白药被外来伤口护理产品冲击，市场占有率和知名度极度锐减。1999 年，云南白药集团股份有限公司（以下简称“云南白药”）进行管理层调整，王明辉加入云南白药担任总经理，拉开了“企业再造”的序幕，让云南白药从传统国有企业走向市场化，变被动为主动，扭转逆境，突出重围。

面对挑战，云南白药一方面通过实施“内部订单制”“首席科学家制”“薪点工资制”等一系列改革措施，确立了市场化的管理方式，为企业的持续发展奠定了坚实的制度基础。同时，持续地研发创新，又为云南白药打造多元化、多种类的产品族群打下了坚实的基础。另一方面通过设立“首席科学家”制度，云南白药让产品研发者成为项目经理，围绕客户去进行产品创新和升级，让中药生活化、便捷化、时尚化，不断为客户创造价值，生产出贴近现代消费者的产品。

2005 年，云南白药提出“稳中央，突两翼”的产品战略，在保证核心产品稳固提升的基础上，借助“两翼”产品进一步推动后续增长。

面对市场的新要求，云南白药结合自身优势与美国 3M 及德国拜尔斯道夫展开合作，并充分利用这些公司在材料科学与生产制造领域的全球领先技术，创制出性能更加优异的创可贴。这一举措迅速扭转了被欧美品牌冲击的局面。云南白药创可贴的销售额从 2001 年的 3000 万元上升到 2008 年的 2 亿元。目前云南白药创可贴年销售达到 70 亿贴，服务国人健康。

2010 年，云南白药提出“新白药，大健康”的产业发展战略。在药品业务健康发展的情况下，云南白药进一步在大健康领域进行布局，不断向保健、日化等相关产业拓展。

2016 年，云南白药以增资扩股的方式实施混合所有制改革。新华都、江苏鱼跃进入云南白药控股，民营资本占据持股多数，2018 年提出吸收合并云南白药控股方案。2019 年 7 月，云南白药实现整体上市，市值过千亿元。云南白药经历“控股公司层面引入民营资本”“反向吸收合并控股公司上市”两个阶段，实现了其由国有企业向无实际控制人的公众公司的转变。

这一改革有效地激发了民营资本参与改革的积极性与企业内部员工的活力，令其与产业生态共生。同时，通过混改，云南白药拥有了更强大的资源和资金实力，尤其是进一步整合市场的资源和全球的资源，形成了国有企业混合所有制改革浪潮中具有企业特色的“白药模式”。

传承不泥古，创新不离宗。云南白药以“再造者”精神，打造别具一格的“白药模式”，在动荡中寻求自我变革，引领行业前行！

| 企业案例 |

长期主义铸就百年辉煌

以“长期主义 价值共生”的理念应对时代的不确定性

如果只能用一个词来形容当今时代的特征及其未来发展趋势，非“不确定”莫属。20世纪末期，企业还处在一次性做完十年或五年规划并慢慢执行的阶段。随着互联网的普及和信息技术的快速发展，世界变化日新月异，我们已经步入5G时代，人们的生活方式发生了翻天覆地的变化并处于持续变化中，企业所处的内外部环境也时时刻刻在发生变化。不再有企业可以严格按照十年或五年规划来一步步发展，哪怕再优秀的企业（或个人），也不敢扬言自己能看到五年、三年甚至一年后的未来。2020年初，突如其来的新冠肺炎疫情席卷全球，对人们生产和生活的方方面面造成了意料之外的冲击，更凸显了时代的不确定性特征。

在这种不确定性成为常态且逐渐加剧的时代背景下，作为支撑产业社会征程运行基础的企业组织，应如何重塑自己的核心价值观、构建自己的核心能力以有效应对这种不确定性，从而实现企业的长治久安，成了各类企业及企业家们面临的课题。在对众多优秀企业进行研究的过程中，我们发现，那些秉承长期主义、与相关伙伴价值共生的企业，已经掌握了应对不确定性的法宝，在面临一次又一次的内外部变化和挑战时能够成功应对，使企业始终在所选择的跑道上快速奔跑。云南白药，这家始于云南、驰名中国、享誉世界的百年医药企业，便是其中一家。

认识云南白药

云南白药，由曲焕章先生创制于1902年，至今已有119年的历史。在战乱年代，云南白药曾是无数的爱国将士和普通百姓止痛疗伤的良药；中华人民共和国成立后，曲先生之妻缪兰英于1955年将云南白药秘方献给国家，由昆药五车间进行生产，使得秘方具有了传承和发扬光大的可能；1971年，根据周恩来总理的指示，云南白药正式建厂；1993年，云南白药股改上市，成为云南第一家A股上市公司；1999年，时任昆药副总裁的王明辉调任云南白药总经理，为云南白药带来销售、研发、营销、管理等方面的一系列变革，开启了云南白药在21世纪20年的"百倍奇迹"之路。

1. 20年的"百倍奇迹"

对云南白药来讲，1999～2019年是意义非凡的20年，在此期间，云南白药在财务数据上创造了多个超百倍增长：营业收入从2.3亿元到297亿元，增长128倍；净利润从3000多万元到42亿元，增长139倍；净资产从3.7亿元到380亿元，增长101倍；股东分红从1999年的每股3分钱，到2019年的每股3元钱，刚好是1999年的100倍。另外，公司的市值也从1999年的约20亿元跃升至2020年10月30日的1315.21亿元。短短20年间，百年老字号云南白药完成了跨越式增长，多项重要财务指标实现了百倍增长。

截至2019年12月31日，在昆明知名医药上市公司中，云南白药是唯一一家市值超千亿元的医药类公司。

2. 享誉全球的中国品牌

在实现财务结果百倍增长的同时，云南白药也获得越来越多国内外各项机构的多项赞誉，如：

入围美国《制药经理人》2020年全球制药公司50强名单，跃升至第37名。

连续11年入围胡润品牌榜，并以品牌价值255亿元蝉联2019胡润品牌榜医疗健康行业冠军，居总榜单第66位。

2020年“BrandZ”最具价值中国品牌100强第56位，品牌价值29.46亿美元，同比上升2%。

2020年中国制造企业500强第271名。

3. 时代机遇和挑战：世纪交替之际医药行业变迁

云南白药是在医药行业的变迁中不断寻求机会、迎接挑战和实现发展的。20世纪90年代，跨国医药企业纷纷进入中国，其在产品质量、治疗功效、市场运作方式等方面在中国市场显示出巨大的竞争优势，化学药以其成分明确、起效时间短、剂型服用方便等功效优势对传统中医药产品造成了较大冲击。1992年，美国强生公司的邦迪创可贴全面进入中国市场，方便易用的产品特点使其在小伤口市场迅速发展，并在短短数年内迅速横扫国内止血产品市场，成为中国市场的长期霸主，市场占有率一度高达

70% 左右。邦迪在中国市场的迅猛发展，为小面积开放性外科创伤的快速治疗，建立了一套难以撼动的标准方案，这让众多竞争对手受到重创，云南白药亦在列。

作为小创伤口护理领域的专家，云南白药在邦迪到中国之前一直占据着中国的小创伤口护理市场，但因其当时产品散剂形态的限制及以产定销模式对市场重视不足，在遭遇邦迪后便一路急转直下，特别是在邦迪创可贴巅峰时期，其购买率高达 44.5%，是排名第二的云南白药气雾剂（单瓶）的 2.29 倍，是云南白药外用散剂的 20.19 倍。时代给云南白药带来挑战，该如何迎接劲敌的挑战保住市场并获得更大的发展，白药人没有畏缩，而是把挑战变为了机遇。

4. 洞察行业、改革自身、谋求发展

正值云南白药主产品遇到劲敌邦迪创可贴的强烈冲击，需快速采取有力措施积极应对以助力企业化危为机从而确保生存、实现发展之际，云南白药迎来了新的掌舵人。1999 年，时任昆药副总裁的王明辉被调至云南白药任总经理，随其来的，还有在昆药时的那支精干且默契的团队。摆在王明辉及其团队眼前的任务，是在已被邦迪霸占的市场中快速找到新的增长点。

到任后，王明辉与其团队迅速进行了为期六个月的产品和销售模式调研，并基于调研及对行业环境的预判，明确市场和研发在云南白药发展中的领军地位，这为云南白药的后续发展奠定了长期主义基调。从组建电子商务公司进行销售体系改革、实施薪

酬改革建立与岗位和业绩相挂钩的激励体系、建立天然药物研究院实施首席科学家制（项目经理制）以激发研发队伍的活力等几项改革开始，云南白药在21世纪之初的20年间始终围绕市场化与创新两大核心点，在产品供应链、产品开发链及客户关系链这三条价值链上进行了持续的突破与创新，完成了从传统国有企业到市场化竞争主体、从以生产为中心到以市场为中心、从单纯制造业到完整产业链、从封闭式独立生产到充分整合社会资源多方合作、从传统手工工艺到标准化的生产和现代化制药等全方位蜕变。

纵观云南白药20年变革之路，可大致分为三个阶段。

一是“企业再造”战略时期（1999～2005年），通过销售、生产、研发和薪酬的四大机制改革全面提升市场意识、激发员工活力，又以双效气雾剂、创可贴两大革新产品让老字号焕发青春。

二是“稳中央，突两翼”战略时期（2005～2010年），在以云南白药系列药品为主的中央产品群作为企业树立品牌、传承文化依托的同时，将健康品、透皮产品作为“两翼”进行大力拓展，云南白药牙膏更是以概念重塑的创新模式颠覆了牙膏市场，自此云南白药迈入高速发展阶段。

三是“新白药，大健康”战略时期（2010年至今），云南白药不仅从中成药企业逐步转型成我国大健康产业的领军企业之一，揭开了发展新篇章，还开辟了混改“白药模式”，在四年时间内以增资扩股方式引入200多亿元民营资本、完成吸收合并实现整体上市，理顺了体制，激活了机制，为白药更敏捷地应对市场不确定性、实现未来发展战略提供了基础保证。

三个战略时期自成一体，无论是应对经营不确定性还是结构不确定性，云南白药始终贯彻长期主义和价值共生的理念，谋求长期发展，谋求与各利益相关方的长期和谐共同发展。

云南白药的长期主义

云南白药的长期主义不是后天的，而是基因里自带的：曲焕章先生于 1902 年研制出对治疗跌打损伤、内脏出血有奇特功效的云南白药（百宝丹）后并未止步，而是持续对产品进行改进以确保安全有效。在 21 世纪初的 20 年里，以王明辉为核心的高管团队始终坚持心无旁骛长期做企业、坚持以市场为中心进行产品研发、坚持以为客户创造价值为中心，致力于将传统中药融入现代生活，长期主义基因在一批又一批白药人身上体现。

基因里的长期主义：持续产品创新，信得过的安全有效

作为云南白药创始人，曲焕章先生深谙产品持续改进之重要性，他学医之初便不拘泥于一家之术，热爱学习并勇于实践，经多年苦心临床验证和反复地改进配方，持续探索药品改进，始终确保产品安全、治疗有效。1902 年研制出云南白药（百宝丹）后，曲先生没有止步，而是持续研究改进，不断升级改造产品，于 1917 年将云南白药由纸包改为瓷瓶包装，于 1922 年成功研制

"一药化三丹一子"（普通百宝丹、重升百宝丹、三升百宝丹、保险子），使云南白药达到最理想的效果，新体系云南白药药量更加定量，治疗效果也达到最佳。

新时代的长期主义：将传统中药融入现代生活

长期以来，中药一直以"苦、大、粗、黑"的老面孔示人，使得年轻一代对于传统中药的印象日益模糊。随着中药药房的不断减少和销售渠道的萎缩，传统中药与现代生活之间的距离日益扩大。云南白药洞察到这个趋势，找到了百年老字号在产业和消费升级背景下完美的新生方式："将传统中药融入现代生活"，并长期坚持，为云南白药双效气雾剂、云南白药创可贴、云南白药牙膏等爆款产品应运而生并走进现代人们的生活夯实了基础。与此同时，云南白药有一支坚持长期做企业的核心高管队伍，有持续改革的决心和魄力，使得"将传统中药融入现代生活"一步步变为现实。

1. 坚持以市场为中心的产品研发

自加入云南白药开始，以王明辉为核心的高管团队多年来一直坚持贯彻"传承不泥古，创新不离宗"的理念，以云南白药秘方为基础，通过物理技术和添加不同辅材的方式不断创新产品形态和应用场景，以更贴近用户需求和使用习惯，先后开发出了云南白药胶囊、云南白药双效气雾剂、云南白药创可贴、云南白药酊、云南白药膏等多个云南白药系列产品，还创造性地将白药核心元素加入牙膏中，开发出保护牙齿健康的云南白药牙膏产品，形成新的产品线和产品族群，这种对以“药”为核心业务、专注于使传统中药融入现代生活的坚持，大大提升了白药配方的市场价值，使云南白药始终走在正确的方向上。

产品示例 1：“云南白药创可贴，有药好得更快些。”

“云南白药创可贴，有药好得更快些”是一句脍炙人口的广告语，短短两句话道出了云南白药创可贴逆袭成功的秘诀：在传统观念中，创可贴是同质化消费品，被认定“不可能做出花样来”。在邦迪垄断中国市场的那段时间，人们提到创可贴就联想到邦迪，绝大多数中国创可贴品牌都在追逐模仿邦迪的产品形式，无厘头式的价格战成为各个品牌争夺市场的唯一选择。于是在中国市场上，创可贴品牌芜杂，产品雷同而缺失个性。

云南白药没有盲目跟随生产同质产品，而是站在更高的层面上去解构、重塑产品概念。经调研发现，消费者认知中创可贴等于一条胶布，多数情况下消费者用创可贴是为了护理伤口，但当时市场上的普通创可贴最多只是杀菌，并没有止血功效。云南白药便从此处切入，进行创可贴的认知切割与概念再造，将具有止血功效的云南白药保密配方加入创可贴中，让一块“应急止血小胶布”升级为“含药”的疗伤创可贴，建立了全新的认知规范和差异化竞争定位，开辟了创可贴市场的“新战线”，也更好地满足了消费者的需求。

然而，概念是好，白药也名副其实是中药止血领域中首屈一指的好产品，但在材料科学相关领域，云南白药却完全是个外行。要真正与邦迪在市场上竞争，公司必须确保材料方面能凸显白药的疗效，方能不输给对手。为解决这个难题，云南白药选择了“以强制强”的商业运作模式，以虚拟企业形式进行资源整合，通过“扬长避短、避重就轻”，将自己的优势与全球领先技术相结合，达到共同创新产品、开拓新市场的目标。2001年，在创可贴的早期生产与市场导入阶段，云南白药选择德国拜尔斯道夫公司作为生产技术合作方，委托拜尔斯道夫（常州）有限公司生产创可贴，充分利用其在皮肤护理、伤口护理、技术绷带和黏性贴等领域的全球领先技术，并结合白药止血疗伤的核心技术，以‘螳螂捕蝉，黄雀在后’的竞争策略，迅速完成市场导入，之后公司又分别与美国3M及部分日本、中国台湾公司进行透皮剂材料合作，开发大量新产品。通过深度解构消费者的需求并进行资源整合，云南白药成功颠覆了邦迪创建的行业“游戏规则”，构建了自己的核心竞争力。

产品示例2：跨界奇袭，侧翼制胜——云南白药牙膏故事。

白药牙膏的奇迹源于一封消费者来信：这位消费者在信中写到，他曾在牙膏中加入白药粉以改善牙龈出血，发现效果非常好。由于对消费者意见和建议的重视，云南白药不会忽略任何一位消费者的来信，也正因此开启了白药牙膏的奇迹故事。这封信激发了公司进军牙膏市场的兴趣。

为确保拟开发的牙膏产品是符合市场需求的，公司着手进行了市场调研并发现：市面上的普通牙膏只作用于牙齿护理，罕见关注口腔健康之产品，而中国90%的成年人都有不同程度的口腔问题，专业医学统计数据和白药牙膏调研数据均显示，随着人们饮食习惯的改变（麻、辣、烫）和工作压力的增大，口腔溃疡、牙龈肿痛、出血、萎缩等口腔问题正快速蔓延。这些口腔“小问题”虽然不足以去医院，却极大地困扰了人们。这些传统牙膏所不能解决的又存在巨大潜在需求的高端口腔护理消费“空白点”，恰恰是云南白药牙膏能填补的优势点，这为云南白药提供了一个进入行业的契机。

在云南白药开发牙膏产品初期，也曾因跨界遭到各种质疑。王明辉曾在媒体采访时回忆道：“人们质疑我们开发快消产品的能力，因为我们是一家制药公司。”但消费者的需求是客观存在且未被满足的，鉴于白药产品的止血功能优势具有解决消费者潜在需求的可能，公司没有退缩，而是坚持以消费者的需求为导向，按计划进行了产品研发。三年后即 2005 年，云南白药牙膏面世，携“止血圣药”的强势认知，广告主打“预防牙龈出血”，突出“牙龈出血、口腔溃疡、牙龈肿痛”三大核心症状的修复作用，与市面上宣传美白防蛀、盐氟成分、口气清新等卖点的牙膏品牌形成明显差异。

虽然云南白药牙膏定位高端，一开始便主打中高端消费人群，首款上市零售价 22.8 元 / 支，远超出其他牙膏价格（均价 10 元左右），但经市场和销售团队的努力，这支“高贵”的牙膏最终获得了消费者的认可。“意外”的高定价不只为云南白药牙膏的功效与用料提供了强有力的支撑，更让云南白药远远地甩开了竞争对手。云南白药在价格空白地带开发优质客群，这个群体更看重口腔健康，也更愿意为高品质买单，白药牙膏也很快成为人们解决口腔问题的首选产品，更造就了国内单支牙膏价格 20 元以上的“神话”。

白药牙膏的面世不仅重新定义了国内高端牙膏的竞争格局，也成为集团业绩的重要支柱。在产品推出当年，白药牙膏就创下了 8000 万元销售额的业绩，随后 15 年更是一路高奏凯歌，2009 年突破 7 亿元，2015 年超过 20 亿元，直到 2019 年狂揽 45 亿元营收，成为牙膏第一品牌。

2. 坚持心无旁骛做主业、做企业

当前，云南白药的核心高管团队平均服务白药的时间已经超过 20 年。在 20 年的发展过程中，社会环境发生了巨大变化，诸多风口行业出现又没落，吸引一批又一批曾经优秀的企业家抛弃主业奔向风口，却最终因为新进领域不在企业的核心能力范围内而把企业带向没落。

作为商业长期主义的践行者，以王明辉为核心的白药高管团队始终坚持以白药核心业务为主轴，能够顶住来自投资者等各界的压力，不盲目追求规模而大举兼并、收购，同时又能抵御诱惑，不轻易进入其他不熟悉的风口领域，这种战略定力坚定了云南白药的长期主义价值理念，为云南白药后续的成长和发展夯实了基础。

同时，这个团队坚持做企业，在国有企业高管频繁调动为常态的时代背景下，这个团队保持稳定，始终以发展云南白药为己任，希望把云南白药做得更好。

3. 坚持持续的发展改革

王明辉到任后，针对云南白药的状况，在尊重云南白药历史和现状的基础上进行机制调整，通过对组织机构、激励体系、研发体制、生产体制进行改革和优化，组建电子商务公司、实施薪酬改革、建立首席科学家制（项目经理制）、建立内部订单机制等，将市场意识注入企业文化中，激发员工活力，释放组织生产力。之后随着企业的发展，又建立事业部制，实施混合所有制改革，这一系列持续的改革使云南白药从暮气沉沉的老字号变身为行业领导品牌，主营业务收入从 1999 年的 2.41 亿元增长到 2019 年的 296.95 亿元，与管理团队一起把中国西南地区的传统国有企业打造成极具竞争力的现代医药企业。

改革示例 1：薪酬改革——重构激励体系，实现价值分配，与市场接轨。

自 1993 年开始，云南白药推行岗位技能工资制，但因决定薪酬高低标准的主要是工龄、学历、职称和职务等方面，与员工的岗位价值、工作业绩等关联不大，同时各岗位的工资档次拉开得不大，无法调动员工的积极性，对关键岗位、关键人才的激励不够，难以吸引、激励和留住优秀人才。

2001 年，云南白药与清华大学经济管理学院合作，启动薪酬体系改革，引入以业绩表现为导向的薪点工资制。经过全面梳理，公司确定了 158 个岗位，每个岗位又以个人劳动技能水平不同分为九档，然后基于工作分析和职位评价的结果确定岗位薪点，由薪点确定薪酬收入，员工业绩表现决定当期薪点获得率，企业效益决定薪点薪酬率。薪点工资制的实施拉开了关键岗位、主要岗位和一般岗位的差距，员工的薪酬差距根据对企业的贡献不同拉大。

薪酬改革重新确立了企业内部的价值分配标准，极大激发了员工的工作积极性，提高了公司的运营效率，一扫云南白药之前的沉闷和缓慢节奏，团队开始充满生机与活力。由于企业效益提升带来效益工资的增长，2001 年公司工资及福利费用同比提高 49.5%。同时，新的薪酬体系对人才的吸引力增强，有利于外部优秀人才加入云南白药。

改革示例 2：混合所有制改革——在变革中深化市场化。

从 2019 年 7 月 3 日，云南白药吸收合并云南白药控股实现整体上市，当天市值首破千亿元，到 2020 年三季度报告晒出的靓丽“成绩单”，历时三年完成混合所有制改革的云南白药，以数字说话，用业绩证明了“白药模式”混改的成功。

白药混改“众势所趋”。为面对竞争激烈且快速发展的行业环境，云南白药需要好的机制保留和吸引顶尖人才，决策与实施必须迅速，但国有企业模式限制多、层级多，制约了企业的发展；同时，与市场化程度高的现代企业相比，云南白药的治理结构仍有待完善。因此，2016 年 2 月，在云南省响应中央号召出台“六个深化”国资国企改革配套文件后，云南白药积极响应，开启了探索混合所有制改革的征程。

混改第一步：唯“志同道合”，方“珠联璧合”。混改的核心因素是寻找合适的非公有战略投资者并与之合作，根据云南白药控股原副总裁、云南白药集团执行董事杨昌红的回忆，云南白药作为云南省的优良资产，“在国家领导人和社会各界面前有良好的声誉”“我们不能把股权随便出售给任何人”。考虑到私人股东掌握股权的方式也会影响到不同类型的投资者的进入，故云南省政府和白药混改团队为混合所有制改革项目设立了两个条件：一是在白药控股（深交所上市公司白药集团的母公司）层面上率先混改，合作方必须承诺持有的股份至少锁定六年；二是股份采用增发的方式，即控股新发行的股份，以现金支付。在这些指导方针下，经与众多有意者谈判筛选之后，云南省国资委和云南白药遇到了唯一符合条件的企业家陈发树和他的新华都。

作为云南白药的长期关注者，陈发树自 2009 年便做过持有云南白药股份的努力。为全面深化云南白药治理结构市场化，双方达成一致条件：一是交易后云南白药控股股权从云南省国资委 100% 持有，变为云南省国资委持有 45% 股权，新华都持有 45% 股权，另一家私人投资者持股 10%，在找到双方都能接受的第三方投资者之前，云南省国资委和新华都将各自持有 50% 的股份；二是交易后人事任命只由董事会决定，所有的招聘和薪酬都基于市场标准来决定，相应地，选择继续留在云南白药控股的高管将不再保留公务员和国有企业领导者的身份。

2016 年 12 月，经过八个月的谈判，在四个核心条件下，云南省国资委批准新华都以 254 亿元人民币（38 亿美元）收购云南白药控股 50% 的股份。次年 4 月，重新组建云南白药控股董事会，新的董事会成员均来自市场选择，并符合两个标准：既不是政府任职人员，也不是国有企业现任高管。随着混改的实施，云南白药原高管团队放弃全部国有企业领导待遇，成为职业经理人，王明辉辞去云南白药控股董事长和董事会成员的职务，新一届董事会任命其为云南白药控股总裁，并批准其继续担任云南白药集团董事长。云南白药集团的高管团队保持不变。

2017 年 6 月，江苏鱼跃科技（以下简称“江苏鱼跃”）成为第二家非公有战略投资者，通过支付 56 亿元人民币（约 8.5 亿美元）的增资款，获得云南白药控股 10% 的股权。至此，云南白药混合所有制改革的第一步圆满完成，实现从国资控股到无实际控制人的治理结构的转变，使国有与民营资本在重大问题上能够共同协商，以体制保障民营股东与国有股东享有平等的权利，激发了民营资本参与国有企业混合所有制改革的积极性，同时促进了国资监管从“管人管事管资产”向“管资本”转变。

混改第二步：吸收合并，“化繁为简”。云南白药控股混改后，按照传统的三层架构，管理层决策链较长，效率比较低。为有效解决这些问题，2018 年 12 月，云南白药通过向云南白药控股的三家股东云南省国资委、新华都及江苏鱼跃发行股份的方式对云南白药控股实施吸收合并。云南白药为吸收合并方，云南白药控股为被吸收合并方。吸收合并完成后，云南白药为存续方，将承继及承接云南白药控股的全部资产、负债、合同及其他一切权利与义务，云南省国资委、新华都及江苏鱼跃将成为云南白药上市公司的股东。

2019 年 4 月 24 日，云南白药向云南省国资委、新华都、江苏鱼跃发行股份，吸收合并云南白药控股有限公司。经向中国证券登记结算公司深圳分公司、深交所申请，云南白药控股持有的云南白药股票注销，本次吸收合并的新增股份于 2019 年 7 月 3 日发行上市，以收盘价计算云南白药首日市值突破千亿元，反映了机构、股东和投资者对公司长远发展的信心。

通过吸收合并整体上市，将云南白药控股和云南白药上市公司“合二为一”，云南白药保持了混合所有制改革的既定原则和目标，切实践行了国家政策，有效地优化了云南白药的内外部资源配置，以更加规范化、市场化的体制机制推进云南白药的高质量、可持续发展。

不到四年时间完成的云南白药混改，成绩单是靓丽的，其最大的亮点是云南白药走向真正的市场化，在云南白药团队与云南省委省政府的积极努力下，治理结构从国有控股转为无实际控制人，实现了“让专业的人做专业的事”。同时决策链条的缩短，使云南白药能更敏捷地响应市场，从而促进以客户需求为中心发起决策。云南白药混改的成功是实现未来战略发展的基础，是百年老字号再续辉煌的重要一步。

云南白药的价值共生

正如杨昌红董事所述，云南白药在成长和发展的过程中一直秉承着价值共生的理念，方取得了今天的成就，这也是公司未来长期持续快速发展的土壤。纵观白药 119 年的发展历史，我们发现云南白药始终坚持在与客户、股东、员工、合作伙伴及整个社会的价值共生中成长和发展。

坚定不移地贯彻“客户至上”精神

客户至上的精神体现在两个灵魂人物身上：云南白药创始人曲焕章在发明白药之后没有止步，而是持续不断根据伤患的需求进行产品创新和迭代更新，以确保所研发的产品安全、有效；时任董事长兼总经理王明辉，自到任之后便与其高管团队基于市场调研和客户需求进行了一系列的改革，并在20年的发展中不断基于市场和客户需求的变化推动产品创新，通过贴近用户的分销模式，与客户保持密切连接。

坚持与股东价值共生

自上市以来，云南白药一直保持着多年的高现金分红政策，这在中国的股市中是比较少见的。云南白药始终牢记要给予股东回报，要给予股东高额的持续的回报，这也是为什么每次股东大会时都会有小股东们不远万里自费过来参加股东会，甚至在原来公司在昆明呈贡总部尚未通地铁的情况下，小股东们克服各种交通困难，只为了能现场参会并有机会贴近云南白药，有机会现场目睹王明辉的风采。

坚持与员工价值共生

在很多国有企业中，由于体制的限制，企业需始终保持对员工负责，甚至时至今日还有一些国有企业是“员工只进不出，干部只升不降”。然而，云南白药于21世纪初就打破了这种“规则”，通过种种改革实现“人员能进能出，干部能上能下，收入能多能少”，并在公司形成共识，避免了在企业里出现员工“搭快车”“吃大锅饭”的现象。同时，云南白药通过激励机制创新，在员工创造价值时与其分享增量价值，对长期不创造价值的员工进行筛选和淘汰，并配合“花儿朵朵”培训体系，持续提升那些追求进步的员工的技能。实现混合所有制改革后，云南白药实施了员工持股计划和期权计划，将核心骨干员工的收益与公司的长期发展共绑。所有这些措施和机制，均体现了云南白药与员工的共生。

与合作伙伴的价值共生

前面提到，“感恩、尊重、共享”这三个关键词可以形容云南白药与合作伙伴的关系。感恩是指心态方面，云南白药感恩合作伙伴的付出；尊重是指态度方面，云南白药不会因为自己是甲方就怠慢乙方合作伙伴；分享是指共享方面，既然大家共担责任、创造价值，那就共享。这体现出云南白药与合作伙伴共同创造价值、共同承担责任、共同承担风险、共同分享价值的理念。

与整个社会的价值共生

云南白药与社会的价值共生也是基因自带的。早在创始人曲焕章尚在世时，面对战火纷飞，作为医商，曲先生没有趁机发国难财，而是积极主动捐献百宝丹，与中华民族同呼吸、共命运；中华人民共和国成立后，云南白药车间和云南白药厂先后成立，云南白药积极承担国家任务，履行社会义务，为援越抗美、对越自卫反击战提供物资，出口赚外汇为国家经济做贡献；进入21世纪，云南白药在完成合法纳税等法定义务的基础上，一直致力于构建和谐的邻里关系，无论是其哪一个办事机构，总能给当地的社区带来一种向上的力量、一种和谐的力量、一种环保的力量。

在即将迈向双甲子之际，回望云南白药119年的历史，长期主义和价值共生理念一直贯穿在其早期和近20年的发展里，也正是对长期主义和价值共生理念的坚持，使得百年白药成为传奇，当其他老字号纷纷销声匿迹时，云南白药成长为一个市值超千亿元的企业，一个有生机、有活力的品牌。

在当今的数字化时代，所有价值活动的核心都会转向以客户为中心，所有的行业都会呈现出边界融合的特征。那么面对数字化对产业的影响，应该如何调整应对？如何通过战略和管理维度的变化持续迎接时代的挑战？我们希望云南白药能够找到适合它自己的钥匙，再造百年辉煌。

| 专家洞察 |

云南白药的长期主义与价值共生

云南白药是中国中医药行业领跑者之一，被誉为“中华老字号中的金字招牌”。从 1999 年开始，云南白药拉开了企业再造的序幕，通过营销体系的革新反向推动了生产、研发、管理等一系列组织内部变革，内部创业机制、内部订单制、虚拟企业运作模式、首席科学家制、薪点工资制等一系列改革措施率先确立了市场化的管理方式，为企业的持续发展奠定了坚实的制度基础。2016 年，云南白药启动混合所有制改革，经历“控股公司层面引入民营资本”“反向吸收合并控股公司上市”两个阶段，实现了其由国有企业向无实际控制人的公众公司的转变。混改过程中，市场化的人才选拔机制以及无一股独大的股权配置结构等混改手段有效激发了民营资本参与国有企业混合所有制改革的积极性，促进了国资监管从“管人管事管资产”转向“管资本”，形成国有企业混合所有制改革浪潮中具有企业特色的“白药模式”。

纵观云南白药的发展历程，可以发现，云南白药是践行长期主义和价值共生的典范。长期主义方面，云南白药坚定不移地坚持长期导向。其一体现为其“一切归零”“未来已来”的企业文化。在企业市场化的过程中，管理团队永远保持创业者的心态，把过去的成绩视为成长的起点，面对市场，主动求变，通过持续地研发创新打造了以云南白药为核心的多元化、多种类的产品族群。其二体现为其多层面、全方位持续不断地创新。从 1999 年至今，无论是制度方面、营销方面、组织方面还是产品方面，持续不断地创新为云南白药践行长期导向、实现长远发展提供了核心驱动力。价值共生方面，云南白药追求并实现了与客户、员工、合作伙伴以及整个社会之间的价值共生。从客户层面来看，云南白药强调关注市场和客户的需求，围绕客户去进行产品创新和升级，让中药生活化、便捷化、时尚化，不断为客户创造价值；从员工层面来看，从内部创业机制与淘汰机制并行到股权激励计划的推出，云南白药一贯坚持员工内部的培养与激励，与员工共同成长；从合作伙伴的层面来看，云南白药坚持"感恩""尊重""共享"的理念，与合作伙伴共同构建良好的企业生态圈；从社会层面来看，云南白药作为中医药行业的代表企业，实现了传统医药理念和现代生活方式的有机结合，企业的发展能够为传统中药文化以及区域经济的发展提供向上的驱动力，创造长期的社会价值。从上述角度来看，云南白药的百年发展历史，是坚持长期主义和价值共生理念的良好实践。

中国管理模式云南白药调研组：

/ 陈春花　北京大学国家发展研究院 BiMBA 商学院院长

/ 杜运周　东南大学经济管理学院教授

/ 王祥伍　华夏基石副总裁、首席企业文化专家

/ 曾　昊　中国管理模式 50 人 + 论坛秘书处秘书长

/ 钟　皓　中国管理模式 50 人 + 论坛秘书处研究员

/ 李云竹　中国管理模式 50 人 + 论坛秘书处工作人员

/ 李欣君　中国管理模式 50 人 + 论坛秘书处工作人员

第二章

科大讯飞模式与未来展望

| 企业速写 |

AI 语音巨轮将驶向何方

1999 年，中国语音市场被国外巨头垄断，微软、IBM、摩托罗拉等海外品牌纷纷投入巨资在中国设立研究院，力图抢占制高点。在语音产业这片汪洋中，中国企业没有自己的船。

四面楚歌之下，中国科学技术大学的一群学生暗下决心，立志要让“中文语音技术由中国人做到最好，中文语音产业掌握在中国人自己手中”，成为中文语音产业的拓荒者和领导者。他们在合肥组成创业团队，科大讯飞股份有限公司（以下简称“科大讯飞”）由此成立。

自 2008 年上市以来，科大讯飞持续将年收入的 20% 投入研发，先后承接了首个认知智能国家重点实验室、首个语音及语言信息处理国家工程实验室两项国家级重点实验室项目，打造国家级人工智能平台。

至2020年，科大讯飞已连续14年蝉联国际语音合成大赛（Blizzard Challenge）冠军，自然度和相似度接近真人水平。在DNN（深度神经网络）语音识别、CNN（卷积神经网络）图像识别等研究领域获得了重大突破，蜚声世界。

通过不断的技术研发，科大讯飞累计获得国内外有效专利1000余项。不仅在国内30余个省、自治区、直辖市的20多个行业得到广泛应用，还成功进入了日本、欧洲和北美市场，在电信、银行、电力、教育等20多个行业获得了成功应用。

国际权威研究机构IDC（国际数据中心）公布的《中国人工智能软件及应用市场半年度研究报告，2019H2》中提到，到2024年，中国人工智能软件及应用市场规模将达到127.5亿美元，展现了广阔的市场前景。其中，科大讯飞市场占有率稳居国内第一。《2020中国语音产业发展白皮书》指出，在智能语音赛道，科大讯飞的综合实力和成长能力远超同行业竞争者，独占第一梯队。科大讯飞不仅彻底改变了中文语音产业由国外IT巨头垄断的格局，而且开始在英文等多语种研究领域取得突破性进展。

以解决问题为初心，通过技术创新实现发展，科大讯飞打造出一艘中文语音产业的巨轮，并凭借着技术的领先，让这艘巨轮踏浪前行。

在2020年新冠肺炎疫情期间，科大讯飞支持了21亿次的线上教学和作业，累计服务1500万中小学生，更推出了在线教学七步法，使用1对N答疑和可视化报告等方式，让学生告别“在线不在状态”的盲目学习，降低了焦虑感。

在医疗方面，科大讯飞利用智医助理电话机器人，面向启动重大突发公共卫生事件一级响应的 30 多个省、自治区、直辖市，展开了相应的筛查、防控和宣教工作。2020 年一年，科大讯飞累计服务 7676 万人次，辅助各级卫健委、基层医生构建基层疫情防线。

2020 年，中央加大部署“新基建”，提出在 5G、AI、大数据等产业加大投资，科大讯飞从几大主要赛道中受益。

新冠肺炎疫情凸显了以 AI 赋能教育、医疗的“刚需”，为科大讯飞带来长期性、结构性的战略机遇，在智慧教育、智慧医疗方面分别实现了 34.53% 和 665% 的增长。

科大讯飞通过建立以智能语音和人机交互为核心的人工智能开放平台——讯飞开放平台，把人工智能核心技术开放给合作伙伴，成就开发者，赋能科学家，构建持续闭环迭代的生态体系。

截至 2021 年 6 月 30 日，讯飞开放平台已开放 434 项平台能力，聚集超过 219 万个开发者团队，总应用数超过 115 万，累计覆盖终端设备数超过 32 亿，AI 大学学员总量达到 53.5 万人，链接超过 330 万生态伙伴，以科大讯飞为中心的人工智能产业生态持续构建。

| 企业案例 |

“读”领 AI，“听”见未来

1998 年，IBM 发布了全球第一款中文语音识别软件 ViaVoice 4.0，开启了中文智能语音产业的序幕。从那时候开始，除了冷冰冰的键盘之外，我们有了另外一种简单的输入方式——让计算机能够“听懂”我们的要求。20 多年后的今天，我们早已习惯了通过中文语音，与各类设备进行交互。我们习惯了拿起手机，直接说出“给某某打电话”，而不再是通过烦琐的手工方式查找通讯录再拨打电话。我们也习惯了面对电信运营商的智能客服，说出我们的语音指令；我们乐于在高德导航中听从风趣的郭德纲和温柔的志玲姐姐来为我们指路。而这一切变化的背后，都与智能语音技术有着密切的关系。

作为国内智能语音与人工智能行业的先行者，科大讯飞见证了智能语音时代的到来，并在这一领域内不断探索，成为全球智能语音产业的主力军和技术领先者。那么，科大讯飞究竟是如何从一家名不见经传的创业公司发展成为中文智能语音领域的领航者、AI 领域的新锐的？高速成长的背后又有哪些值得我们学习和借鉴的经验呢？带着这些问题，中国管理模式杰出奖组委会与华夏基石 e 洞察共同组织专家团队，亲赴科大讯飞开展了调研和沟通，结合对大量外部资料的研读，形成了对科大讯飞的一些理解和感受，以此文与大家分享。

伟大的梦想和不懈的努力

科大讯飞成立于1999年，也就是IBM发布了中文语音识别软件的第三年。当时，中文语音产业基本控制在国外IT巨头手中，微软、IBM、Intel等公司纷纷在中国设立语音研究基地。彼时的刘庆峰，因专业成绩突出，1992年就被选入中国科学技术大学与国家智能计算机研究开发中心设立的“人机语音通信实验室”参与科学研究，自1995年起就作为该实验室所承担的国家863项目“KD系列汉语文语转换系统”的主要负责人，立志“让计算机像人一样开口说话”。凭借对专业的深入理解，刘庆峰在1998年的一次国家科研比赛中，代表中国科学技术大学出场，一举击败了清华、北大等多个知名院校的高手，获得第一名。也因为这个奖项，刘庆峰获得了当时微软亚洲研究院院长李开复授予的专项奖学金，但条件是加入微软。对于大多数人来说，这是绝佳的工作机会，但刘庆峰最后选择了自主研发，放弃了微软的专项奖学金。这也使得他成了第一位拒绝这个奖学金的人。10多年后，李开复还曾感慨地说道：“庆峰是这么多年来唯一拒绝微软奖学金的人。”

在语音技术研究的路上，刘庆峰已经专注了好几年。为了能够在技术方面实现突破，刘庆峰多次前往北京，与清华大学、中国科学院等诸多科研机构进行技术交流和学习。一个偶然的机会，刘庆峰接触到了德高望重的语言学家吴宗济先生，并在吴先生的启发下，攻克了中文语音发音的关键难题。在一次交流中，吴先生说："中国的语音技术，特别是中文的语音技术，就应该掌握在中国人自己手里。"这简简单单的一句话，却成了刘庆峰和科大讯飞人心中的灯塔。为了实现这个目标，刘庆峰带领着由中国科学技术大学 17 人组成的团队，投身到智能语音技术的发展浪潮中。1999 年，26 岁的刘庆峰正式创立科大讯飞。

梦想是充满美好且目标明确的，但向着梦想迈出的每一步却充满着艰辛。科大讯飞刚刚创立的前两年，大家在很多方向上都做出了大胆的尝试，公司迅速发展的同时，支出的增长速度也远远超出了收入的增长速度。到了 2001 年 8 月，公司账户里只剩 20 万元，仅够维持两个月。面对梦想和现实的巨大差距，团队的很多成员动摇了。究竟是应该在这个领域内继续坚持，还是应该另辟蹊径？一时间，大家的意志开始动摇。

经过冷静的思考，刘庆峰得出了结论："公司的茁壮成长需要时间的积淀，要靠技术赚钱，并非一朝一夕的事。语音产业至少需要 10 年的时间来进行技术积累，短期内是不可能实现重大突破的。"为了能够在团队中形成共识，公司核心团队成员在巢湖召开了决定科大讯飞何去何从的"半汤会议"，形成了三大共识：第一，做语音这个方向不能动摇，未来会有百亿的市场空间；第二，要做，就要做到全球最好，因为我们有技术基础；第三，因为我们热爱，所以我们一定能做好。这三条共识，在科大讯飞发展的路上，起到了非常重要的作用。

科大讯飞在其发展过程中，面临着无数次选择，跨过了诸多坎坷，抵御了众多诱惑。而对于智能语音领域的专注，以及对于技术的不懈追求和热爱是指引其一直在正确的航道上航行的罗盘。在经历了数年的努力后，科大讯飞于2008年成功上市，凭借在智能语音技术领域的积累，科大讯飞向人工智能的其他领域延伸，逐步成为行业龙头。目前，科大讯飞在智慧教育、智慧医疗、智慧司法、智慧城市等领域内，提供基于人工智能技术的解决方案，创业之初的梦想与情怀也延伸到了各个业务领域，指导着团队前进的方向。智慧教育的梦想，是让每一个孩子都能得到良好的教育；智慧医疗的梦想，是让每一个家庭都能享受优质的医疗资源；智慧司法的梦想，是让天下无冤；智慧城市的梦想，是让城市更温暖……正是这一个又一个美好的梦想，鼓舞着众多合作伙伴，也激励着成千上万的讯飞人携手并肩，向着目标，勇往直前。

以客户为中心的思维方式

如果把事业发展比作攀登珠峰的话，科大讯飞似乎总是误打误撞地从相对容易的南坡开始爬。很多人认为这主要是靠运气，然而在认真研究了科大讯飞的几次重大战略选择后，我们发现，这些“运气”恰恰是科大讯飞基于对行业的深入理解以及以客户为中心的战略思维的体现。

公司创立伊始，除了有限的技术积累和一腔热情之外，既没有充足的资金支持，也没有任何企业经营的经验。与IBM专注于语音识别领域不同的是，科大讯飞在短暂试错后，精准地选择了语音技术的另外一个方向——语音合成作为突破口。在产品成型之后，科大讯飞便陆续与中国电信、华为、中兴、联想等企业实现了合作，帮助它们的机器设备实现中文语音播报。经过五年的持续努力之后，科大讯飞在中文语音市场站稳了脚跟，并实现了盈利。而反观行业的先行者 IBM，则在持续投入无果后，默默地退出了这个领域。

现在看来，IBM 当时选择的方向，确实充满了挑战。一方面，当时的硬件设备的性能，极大地制约着语音采集的质量和运算的速度；另一方面，软件和算法受到单机采样和运算能力的制约，其识别的准确程度较低，且极易受外界环境的影响。用户在使用 ViaVoice 的时候，识别的准确率往往只有 70%，无法满足对准确度的基本要求。而科大讯飞的选择，则蕴含着智慧和战略眼光。相比于语音识别，语音合成对准确度的要求要低很多。通过运算将文字转化的语音，虽然当时听起来比较生涩，但已经属于“可以听懂”的范畴，并且已经可以应用在很多产品上来满足客户的基本需求。从这个方向入手的选择，让科大讯飞的产品得以迅速推向市场并获得客户认同，帮助科大讯飞解决了创业期的生存问题，为科大讯飞后续的发展奠定了基础。

在 20 年后的今天，类似的情节又一次上演，主角依然是科大讯飞和 IBM，只不过这一次是在智慧医疗领域。

IBM 认为，医学上拥有大量患者数据似乎很适合 AI 发展，尤其是当医院和医生转向电子医疗记录时。Watson（IBM 的认知计算系统）通过采集医院的电子病历，便可以获得大量的临床数据。只要数据量足够大，其记忆库便可以保存每一种罕见疾病的知识，而且机器运算不易受到认知偏见的影响。它可以在几秒钟内处理一个连人类医生都挠头的疑难杂症，将在很短的时间内超越甚至取代人类医生。研究人员通过给 Watson 提供数千条被标记为正确或不正确的线索和响应来训练它。在这个复杂的数据集中，AI 构建了相应的运行模式，并为如何从输入（线索）到输出（正确地响应）建立了模型。然而，经过了数年的努力和验证，最终证明 Watson 在输出的结果方面的准确度并不能令人满意，且与预想存在很大差距。IBM 不得不于 2019 年，对该业务部门进行大幅裁员。

而在同一领域，科大讯飞又一次选择了一条风景独好的路线。科大讯飞的“医考机器人”将能够相对标准化、规范化的知识点作为输入，通过对 53 本医学著作以及数百万篇医学论文的深度学习，首先具备了基本的知识问答的能力。在此基础上，科大讯飞发布了“智医助理”，为医生的诊疗服务提供支持，而这恰恰贴合了国内医疗体系的应用场景。目前，国内医疗资源不均衡的现象是广泛存在的，很多偏远地区的医生受到的教育及其自身素质，导致其在医护能力方面还存在着一定的提升空间。“智医助理”则定位于解决这种能力不均衡的问题，通过人工智能的方式，实现把优秀医生的能力轻松复制的功能，让 60 分的医生具备 80 分的能力，让已经达到 90 分的医生不必再忙于基础性工作，而更多地参与到对其他医生赋能的工作中。医生在诊断的时候，“智医助理”已经将诊断过程中获得的信息收集汇总记入电子病历，并通过后台的诊断系统，对病情进行初步判断。大数据诊断系统结合知识图谱，迅速做出判断，给出建议。如果医生的诊断与系统一致，则进入具体治疗方案。如果存在差异，则可以选择更高级别的医生介入，来帮助进行诊疗和判断。整体而言，“智医助理”大大提升了基层医生诊断的准确度以及医院运营的效率。同时，通过大量诊疗数据的输入和自学习，“智医助理”的准确度也将会持续提升，在辅助诊断的过程中，发挥更大的作用。目前，智医助理系统提供日均40多万条辅助诊断建议，诊断的准确率已接近90%。

事实上，IBM采用的从海量病历中挖掘整理人类医生的临床诊断经验的方法论，是归纳法。而科大讯飞选择的从医学文献中提取规则的方法，是演绎法。客观地说，IBM选择的方向是非常有价值的，因为近代科学的历史表明，方法论的改变很可能带来翻天覆地的变化。在英国文艺复兴以前，主流的方法论是演绎法。而培根则倡导归纳法，也是在他的影响下，人们开始重视归纳法，随即出现了牛顿这样的科学家，然后科学家源源不断地大量涌现。因此，IBM Watson从海量病历中提炼临床诊断经验，而不是从医学文献中摘抄并推理医学规则，这是底层方法论的差异与变革，其或许会引领AI应用领域内的认知革命。然而，受制于当前数据和算法技术的瓶颈，Watson还不能像预期的那样从患者的电子健康记录中挖掘信息。在处理明确的概念（如诊断）时，它的准确率为90%～96%，但对于时间依赖性信息（如疗程）的准确率仅为63%～65%。在现实中，医生本身是一个保守的群体，采用新技术的速度很慢。而 Watson 提供的结果的准确性，则让医生不得不选择相信自己，而非 Watson。反观科大讯飞的模式，从简单的演绎法入手，以为医生提供帮助为起点，在过程中合理地结合归纳法，围绕行业痛点，以满足客户需求为出发点，采取系统化的“ AI+ 专家资源”的赋能方式，为客户创造价值，则是一种明智的选择。

如今，成就客户已经成了科大讯飞最重要的核心价值观。以客户为中心的思维方式，早已成为科大讯飞最基本的共识和方法论。“技术要找到符合客户刚需的领域”是确定技术研究方向的基本原则；“要深入用户场景，了解用户的习惯和常识”是在定义解决方案的基本原则；“技术产业化，并不是以挣钱为第一目的，而是为了解决社会问题”。这些以客户为中心的思维方式，成就了科大讯飞在各个领域内的一往无前。

在持续成长的过程中，科大讯飞对以客户为核心的理念的理解也越来越深入，越来越具体。公司的定位从早年的“用人工智能改变世界”升级为今天的“用人工智能建设美好世界”，从之前的“我很强”，逐步演变为“我能让你变得更强”，再到“我们一起来创造美好世界”，这都是对以客户为核心的理念的诠释，亦是对成就客户价值观的践行。

顶天立地的战略

2017 年 11 月 9 日，科大讯飞在北京国家会议中心召开了以

“顶天立地，AI 赋能”为主题的年度发布会。在会议上，科大讯飞完整地诠释了其“顶天立地”的发展战略：“顶天”指的是核心技术要居于领先位置，通过大量的研发投入，抢占人工智能领域的技术高地，在源头核心技术上掌握话语权；“立地”指的是技术不只是发论文或纯学术研究，而是要真正能够赋能各个场景或改变不同的行业并发挥价值，将核心技术实现商业化的落地，将技术成果转化为公司增长的动力。

在有些人看来，科大讯飞很“傻”。作为一家上市公司，科大讯飞长期坚持将年营业收入的 20% 投入到研发中。同时，科大讯飞耗巨资积累形成的语音平台，免费开放给合作伙伴使用……很多人认为，如果科大讯飞围绕最赚钱的领域拓展业务，或许今天就不只是百亿规模……在有些人看来，科大讯飞很“笨”。在进入教育领域之初，科大讯飞更是为了进行基础的知识点的标注，邀请了 1000 多位教师，耗资 1 个多亿，来保证知识图谱的完整性。为了实现方言的准确识别，科大讯飞同样采用了一个比较“笨”的方法——收集语料，收集大量的方言数据。在人工智能领域探索的过程中，科大讯飞也走过很多弯路，交过很多学费，却依旧义无反顾地探索新的领域，持续试错……

殊不知，这些所谓的“傻”和“笨”，正是顶天立地战略的精髓。人工智能领域，本身就是技术难度高、不确定性大的领域。要想在这个领域内占有一席之地，掌握底层的核心技术是基本条件。而技术积累的过程，本身就是一个漫长的过程。持续投入、充分试错是必要的，如果投机取巧，追求立竿见影，则往往会南辕北辙。技术的积累需要长期的耐性与充足的定力，来不得半点虚假和浮躁。

2005年，也就是科大讯飞实现盈利的第一年，便成立了科大讯飞研究院，进一步明确了在研发上持续大规模投入的策略。2015年3月，公司在第三届董事会第十次会议上做出“公司要实现快速且可持续发展，要始终保持核心技术领先，不单纯以利润增长作为发展指标”的决定。科大讯飞坚持通过大规模、持续的在人工智能领域的研发投入，构建产业生态，探索在教育、医疗、政法等赛道人工智能应用落地的可能性。在后续的几年里，公司明确了“面对人工智能关键机遇窗口期，不追求当前的税后利润增长，把资金坚定地投入到决定未来的战略方向上”的原则，以及“核心技术国际领先，收入毛利快速增长，用户规模高速增长”的三大任务。这个阶段的重心是AI应用场景的探索，不以净利润为考核目标，主要保持收入和用户的快速增长。而事实恰恰证明，这一阶段的大规模投入促使公司在人工智能领域保持了先发优势。

十几年的积累，换来了今天的累累硕果。目前，科大讯飞已经在语音识别、语音合成、机器翻译、语音评测的算法和图像识别、机器阅读理解等领域实现了技术领先。科大讯飞自2008年起，一直坚持参加行业内部的各类顶级赛事，与业内的顶尖公司相互学习、交流、比拼。在2020年举办的第六届国际多通道语音分离和识别大赛（CHiME-6）中，科大讯飞将语音识别错误率从原来的46.1%降至30.5%，大幅刷新该项赛事历史最好成绩，成为全球中文语音识别领域内的佼佼者。在国际语音合成大赛的赛场上，科大讯飞已经连续14年蝉联该赛事的冠军，并于2019年的比赛中，把合成领域最关键的指标自然度从2018年的4.0MOS提高到4.5MOS，创历史新高，并超越了普通人的发音水平，确立了科大讯飞在语音合成领域内的绝对领先地位。2018年8月，科大讯飞在第24届国际模式识别大会（ICPR 2018）举办的MTWI（多样式网络图像）识别挑战赛中，包揽了全部三项任务的冠军，彰显了科大讯飞在图文识别技术上的业界领先地位。2019年，由斯坦福大学发起的国际权威机器阅读理解评测（Stanford Question Answering Dataset，SQuAD）演进到2.0阶段，吸引了谷歌、微软亚洲研究院、IBM研究院、阿里巴巴达摩院、平安科技、上海交通大学、复旦大学等众多国内外知名研究机构和高校参赛。在这样高难度的阅读理解比赛中，人类的成绩是EM分数86.831，F1分数89.452，科大讯飞参赛系统的成绩为EM分数87.147，F1分数89.474，以超越人类水平的成绩获得冠军，创造了全球首次两项指标均超越人类的历史纪录。

在核心技术持续“顶天”的过程中，科大讯飞时刻不忘将技术与行业场景有效结合。经过数年的摸索，科大讯飞在智慧教育、智慧医疗、智慧司法、智慧城市、消费者产品等领域，实现了技术的有效落地，为提升行业效率、解决行业瓶颈做出了巨大贡献。

就像进入医疗领域一样，每进入一个新领域，科大讯飞都遵循深入应用场景，了解行业和客户需求，并围绕需求构建产品与服务的原则，而且都是采用先选择试点，与客户充分交流，一同打磨产品的方式。在实践的过程中，科大讯飞持续完善产品，当产品能够满足客户需求后，再进行规模性的复制。

“顶天立地”战略的背后，是科大讯飞高瞻远瞩的战略远见与坚定不移的战略定力。这种远见与定力，为科大讯飞“平台+赛道”商业模式的落地，提供了有效支撑。

“平台+赛道”的商业模式，2B2C双轮驱动

所谓“平台”，是将各种底层通用的AI技术进行标准化的沉淀，使其可以在各类产品设计和交付时直接调用，通过对外开放的方式，为全行业提供人工智能能力，赋能开发者，成就科学家，让人工智能像水和电一样造福人类。通过平台汇聚海量开发者，整合后台内容和服务，构建持续闭环迭代的生态体系。“赛道”则是将AI技术与行业场景结合，用人工智能为行业赋能，帮助行业内的企业和个人提质增效，从而使得AI技术真正创造价值。

科大讯飞开放平台向开发者提供全面的AI底层技术能力，目前已经在语音识别、合成、分析、多语种技术、文字识别、人脸识别等领域的技术层开放了434项关键能力，这些技术能力对于初创团队来说尤其重要。AI底层技术具有通用性、高投入的特点，初创团队很难通过自身的能力获得。通过科大讯飞开放平台直接获取这些技术能力，将会显著降低它们前期研发投入的成

本，更加聚焦于垂直场景的应用产品研发，从而加速AI技术的商业化落地。而在此过程中，科大讯飞也通过底层算法实现了海量数据的调用和训练，进一步提升了AI技术的性能，从而实现正向循环。自2010年上线以来，科大讯飞的开发者平台共吸引了219万个创业团队，开发应用数量超过115万个，以语音为基础的人工智能产业生态已经初步形成。

在赛道选择方面，科大讯飞认为，没有先知先觉，只能慢慢去尝试，慢慢去找。经过几年的探索，公司初步总结出在赛道上形成AI技术规模商用的三大条件，即“真实可见的应用案例、可用统计数据证明的应用成效、规模推广的标准化产品”。同时，也形成了通过“数据—算法—产品”的闭环，构建“刚需+代差”的竞争优势的方法论。

科大讯飞通过先发优势抢占市场，率先推出相关的智能化产品，形成“真实可见的应用案例”。在标杆用户试点使用后，科大讯飞可以根据用户使用过程中汇集的数据，不断优化算法模型，进行产品打磨，从而形成“可用统计数据证明的应用成效”。在试点用户产生效益后，科大讯飞可以用标杆案例来不断拓展其他同样类型的客户，并不断提炼客户需求中的共性技术和功能，使得产品设计趋于标准化和模块化，形成“规模推广的标准化产品”。最终，在“数据—算法—产品”的闭环下，公司形成了标杆案例、应用成效、标准化产品的循环，最终实现了AI技术在优势赛道上的规模商用。一旦公司在某个赛道上形成了规模商用，将会继续强化“数据—算法—产品”的闭环，从而降低公司的研发成本，持续提升利润。而赛道上的后来者既没有标杆案例、应用成效的验证，又无法获取海量专业数据来完善产品模型，且需要大规模的前期投入，所以将会与科大讯飞形成代际上的竞争差距。

教育赛道是科大讯飞最早进入的领域之一，亦是科大讯飞深耕的优势赛道。科大讯飞发现，教育行业的问题和医疗行业非常相似，教育资源稀缺、不均衡的问题广泛存在。如何有效地为教师赋能，提升他们的效率，实现因材施教，是需要解决的问题。基于国内优秀教师构建的各个年级的知识图谱，可以对学生们进行测试。依据测试结果，后台算法能够勾勒出每个学生的知识掌握情况，然后有针对性地推送相关学习资料和练习题，真正实现因材施教。广州市花都区一所民办中学的校长是科大讯飞产品的受益者，他说："生源拼不过，教师我也拼不过，那我只能在技术上实现弯道超车。"通过使用科大讯飞的学习系统，这所中学从最开始 20% 的一本率，到现在实现了 80% 的一本率，学校教学成绩在广州市名列前茅。

目前，科大讯飞的产品已经覆盖 K12 教育的教、学、考、管全场景。在课堂教学领域，科大讯飞通过构建智慧课堂实现因材施教的理念，帮助老师提升备课效率，同时加强学生与老师的课堂互动。在学生学习领域，科大讯飞通过个性化学习手册，助力学生学习效率和学习成绩的提升。在考试领域，科大讯飞通过机器阅读理解的技术实现自动阅卷。在校园管理领域，科大讯飞通过智能排课系统帮助学校进行教学流程的管理。在区域教育云平台领域，科大讯飞通过大数据分析技术，为区域教育主管部门提供综合性的解决方案。

医疗赛道，也是科大讯飞深耕的优势赛道之一。科大讯飞将产品定位为基层医疗单位的全科辅助诊疗系统，通过语音、模板、医学智能推荐等多种录入模式，帮助基层医生规范完整地填写电子病历。有了电子病历，就可以实现医院内外部数据的互通。“智医助理”在2017年通过了国家临床执业医师考试，在53万考生、360分及格线的情况下，取得了456分的高分，超越了96.3%的人类考生，成为全球首个具备行医资格的人工智能系统。目前，“智医助理”可以实现95%的基层常见病的全科辅助诊疗，覆盖全国超过200个区县的30 000余家基层医疗机构应用，服务超过50 000名基层医生，惠及5000多万居民，累计提供超过2亿条辅助诊断建议，有效提高了基层的诊疗服务水平。

除了教育和医疗赛道，科大讯飞针对司法系统和智慧城市的解决方案也日趋成熟。在积极拓展2B和2G类行业赛道的基础上，科大讯飞聚焦沟通与办公场景，进入C端市场。科大讯飞自2016年开始布局翻译机业务，围绕“沟通”与“办公”两大场景，发布了翻译机、学习机、录音笔、办公本等一系列面向消费者的产品。在2021年618大促中，公司整体销售额同比增长了108%，其中AI学习产品的增长率达到了706%。当前，以人工智能技术为核心的消费类产品普及度依然较低，仍处于前期探索阶段。科大讯飞依托翻译机作为爆款率先打入市场，随后推出基于办公场景的全系列产品，构建起了良好的先发模式。未来，随着用户对 AI 产品接受度以及使用率的逐步提升，科大讯飞有望真正实现 2B 和 2C 双轮驱动，打开进一步成长的空间。

科学的管理体系

在业务迅猛发展的背后，科大讯飞一直关注管理体系的搭建与优化，从而对业务形成有效支撑。

在选择赛道的初期，公司最多拥有 170 余个产品方向，造成了资源的分散。经研究，科大讯飞决定将原有的 170 多个产品方向聚焦到 20 多个，并进一步明确了优先重点投入的 8 条核心产品线。战略上的聚焦，提升了资源的使用效率，避免了因资源过于分散而无法产生规模效应的问题，大大缩短了产品的开发周期，增强了产品的竞争力。

在组织架构层面，科大讯飞结合自身业务发展的需要，从最早的职能制、事业部制，最终演变成为基于“平台 + 赛道”的混合型组织，充分激发组织的活力，释放潜能，助力业务拓展。针对 2B、2C、2G 业务的不同特点，科大讯飞采取灵活、差异化的管控模式，从机制上为业务松绑，实现了业务与客户及市场的高效互通与互动。

科大讯飞于 2017 年引入增量绩效管理的概念，坚持“从市场中来，到市场中去”的原则，把研究放到市场需要的地方，并通过有效管理组织绩效，引导部门及员工更好地将研发与市场有效结合，产品与客户有效结合。

科大讯飞持续成长的原动力，也来源于科学家科技报国的情怀。科大讯飞坚信，没有什么是别人不能模仿的，除了核心理念和价值观。科大讯飞于2017年对核心理念体系和价值观进行了梳理和升级，明确了事业边界，定义了事业目标，规范了组织原则。科大讯飞将使命定义为“让机器能听会说，能理解，会思考；用人工智能建设美好世界”，并将“全球人工智能产业领导者，用人工智能建设美好世界的伟大企业”作为企业的长期愿景。同时建立了以“成就客户”为核心的，集“创新、坚守、团队协作、简单真诚、专业敬业、担当奋进”为一体的独具特色的“421”价值观。理念层面的共识，必将激发出强大的组织活力与生命力，推动科大讯飞事业的高速发展。

结语

突如其来的新冠肺炎疫情，改变了人们的工作和生活习惯，改变了很多行业的游戏规则，亦催生了很多新的需求场景，线上化、AI技术的深度应用将大范围展开且全面提速。在新冠肺炎疫情期间，科大讯飞新冠肺炎影像辅助诊断平台在通过批量学习新冠肺炎病人的CT影像数据，结合影像识别技术，帮助医生实现快速诊断的同时，轻松实现了医疗数据共享及汇总，为控制新冠肺炎疫情做出了贡献。在对入境外籍人员的情况筛查过程中，存在语言障碍，如果派出众多翻译人员，则存在较大的感染风险，且成本高昂。科大讯飞翻译机通过实时翻译，解决了医护人员与外籍人员的沟通交流问题。同时，科大讯飞积极响应“停课不停教、不停学”的号召，制订在线学习全方案，为21个省、自治区、直辖市1500万师生提供人工智能教育产品和服务。此外，为解决线上会议沟通质量问题，科大讯飞适时推出了实时字幕服务，帮助客户提升会议的效率和质量。类似的事例还有很多。

随着5G的快速普及，我们将迎来万物互联的时代。人工智能作为重要的基础技术，必将迎来一个全新的发展阶段。我们相信，科大讯飞秉持“科技报国”的初衷，持续推进“顶天立地”战略的落地，坚持“平台＋赛道”的商业模式，聚焦客户价值，不断创新，定将成为人工智能领域内的领导者！相信未来，让未来可见！

| 专家洞察 |

科大讯飞的长期主义与价值共生

科大讯飞有一个口号叫“顶天立地”，但是其含义与大多数人能够想到的很不一样。比如说“顶天”就是公司的技术要在全世界都是最领先的，尤其对于中文的语音和相关的人工智能的技术在全世界要领先，而且要保持领先，甚至去引领。但要做到这一点，科大讯飞一方面持续将年营业收入的20%投入做研发，而且对研发的关切超过对公司盈利的关切，即不管是否亏损都愿意投这么多钱，另一方面科大讯飞在技术路线的选择上又非常地谨慎，每次重大技术路线选择时都能选到南坡（容易实现的，不容易实现的叫北坡，国外同行往往是选北坡），从最早的选语音合成而非语音识别，到最近的选医疗领域和教育领域赋能人的NLP（自然语言处理）而非替代人的NLP都是这样。

关于“立地”，一般我们讲就是面向客户需求，面向应用，但科大讯飞选择的面向客户应用是一个非常不一样的做法，就是要解决靠社会制度安排很难解决的社会问题。例如教育领域和医疗领域，实际上这个问题全世界都没有得到很好的解决。它的志向和使命是要用科技去解决这些领域的问题。比如教育公平问题，偏远落后地区老师的资源能力不够，这时候公司可以通过科技来让每个学生都有一个好老师，而且是因材施教。虽然盈利不高，但是科大讯飞一直持之以恒地做。比如医疗领域也类似，偏远地区的医生水平比较低，通过科技手段让患者能够公平地享受到最好的医疗服务，这些都是科大讯飞已经在做和做到了的事，而做这些业务的盈利性可能都不是很高，如果它做别的业务可能收入会更高一些。但是它在选目标市场的时候解决社会的问题才是它理解的“立地”。

科大讯飞正在构建的商业模式对中国领先企业未来的商业模式创新有很重要的借鉴意义。我们曾经对中国和美国科技企业的商业模式做过比较系统的对比研究，其中一点是美国企业基本上都是围绕着不同客户同样的需求去构建一个商业模式，而中国企业基本上清一色地是满足同类客户的不同需求。如果同一个客户有一个需求原来的模式满足不了的话，企业就造一个新模式去满足。结果就是中国企业普遍管理复杂度越来越高，效率越来越低；而美国企业虽然普遍效率很高，但一旦客户需求发生变化，公司就可能面临生存危机。科大讯飞正在构建的商业模式一方面是一个平台，另一方面是在这个平台上有很多应用的垂直赛道。科大讯飞能有意识地去把一个个赛道开放给独立的企业，哪怕是公司自己开发出来一个赛道，将来也会允许这个赛道的公司完全独立。这样一方面横向技术可以不断由不同赛道的公司积累到平台上，另一方面各个垂直赛道公司的纵向技术也可以在专业化方面不断做深做强，而且这种模式还可以吸引更多的创业公司或者资源到这些赛道和平台上来。这是一种能够超越典型美国企业和典型中国企业的新模式。虽然科大讯飞目前还没有完全构建好这个模式，但已经走在正确的路上。

中国管理模式科大讯飞调研组：

/ 魏　炜　北京大学汇丰商学院教授

/ 刘壮志　华夏基石高级合伙人、资深专家

/ 钟　皓　中国管理模式 50 人 + 论坛秘书处研究员

/ 李欣君　中国管理模式 50 人 + 论坛秘书处工作人员

第三章

京东方模式与未来展望

| 企业速写 |

京东方：不仅有液晶面板

2021 年央视春晚展现异彩纷呈的节目，举国同欢。全球范围内的首次 8K 超清直播，更是令人印象深刻。随物赋形、千姿百态，为屏幕前的观众带来了沉浸式和极具临场感的视觉体验。

身临其境般完美呈现的背后是 8K 超高清领域“领先者”——BOE（京东方科技股份有限公司，以下简称“京东方”）的技术支持。这家成立 28 年的企业是如何从无到有，走向巅峰的?

20 世纪 90 年代，CRT（阴极射线显像管技术）在中国如日中天，国产彩电品牌长虹、康佳、海信等如雨后春笋般崭露头角。而此时，液晶显示技术已在境外逐渐壮大，并被日韩企业垄断，整个中国大陆还没有一块自主生产的液晶面板，不得不高价从韩国、中国台湾和日本企业采购。刚刚由连续亏损 7 年的北京电子管厂改制成立的京东方，意识到未来产业的技术方向是先进的液晶显示技术和半导体显示技术。因此，京东方决心要走在产业发展的前沿。

2003 年，京东方在收购韩国现代集团（HYDIS）的液晶显示业务后，通过消化、吸收和再创新，初步形成了京东方的核心技术和研发能力。在此基础上，京东方在北京建设了中国大陆首条依靠自主技术的第 5 代 TFT-LCD（薄膜晶体管液晶显示器）液晶屏生产线，结束了中国大陆“无自主液晶显示屏”的历史。此后，京东方连续多年将年营收的 7% 左右投入做研发，突破了多种屏幕技术难关，多项关键技术独具优势。

截至 2020 年，京东方累计可使用专利超 7 万项，连续多年专利排名全球 TOP10。京东方在智能手机、平板电脑、笔记本电脑、显示器、电视五大应用领域的显示屏出货量和销售面积市占率位居全球第一，最终实现了“全球每四个智能显示终端，就有一块显示屏来自京东方”。

京东方在进一步提升显示技术竞争力的同时，还加快了向传感器件、智慧系统和健康医疗等领域的发展，**快速形成领先优势，完成软硬融合、应用整合和服务化发展转型，实现了营收利润持续稳定增长。**

面对物联网浪潮，京东方主动求变，提出“开放两端，芯屏气 / 器和”战略，开启物联网转型，实现“不只是液晶面板”的新格局，形成了以半导体显示事业为核心，MLED、传感器及解决方案、智慧系统创新、智慧医工事业融合发展的“1+4+N”航母事业群。截至 2020 年，京东方已为全球伙伴提供超过 8 亿个智慧端口，超过 800 个物联网解决方案，与国内外超过 5000 家创新伙伴深入合作，进一步完善全球化的研发、供应、销售和服务布局。京东方通过联通数据、构建平台，打造融合应用场景的生态价值链，实现人机物全面互联、系统整合，达到了**与全球生态伙伴共生发展，形成物联网生态系统，赋能场景，创造价值的目的**。

| 企业案例 |

坚守长期价值主义，引领产业新生态：京东方转型超越之路

2020 年第一季度，京东方显示屏的出货量占全球市场规模的 24.6%；智能手机液晶显示屏、平板电脑显示屏、笔记本电脑显示屏、显示器显示屏、电视显示屏五大主流产品的市占率，稳居全球第一。这意味着，全球每四个显示终端，就有一块来自京东方。而在十几年前，面板行业面临的困境让下游电视厂商寝食难安。当时，作为全球最大的电视生产和制造基地，中国大陆因不能自主生产液晶面板，不得不高价从韩国、中国台湾、日本企业采购。京东方现任董事长陈炎顺接受《中国企业家》采访时明确表示，在中国电子信息产业“缺芯少屏”问题中，“少屏”已经彻底解决了。在显示产业从零做到全球第一，依靠一家企业改变一个行业，京东方就像在一条没有出口的高速路上疾驶，虽然险象迭生，但仍然一往无前。京东方的成长历程是怎样的？京东方为什么能获得成功？其内在精神是什么？

京东方的前身及内在精神

虽然北京电子管厂（即原电子工业部㊀所属的“774 厂”）已经留在久远的历史之中，但京东方不仅继承了它的物质资产，还

㊀ 1998 年，归入信息产业部。2008 年，整合划入工业和信息化部。

继承了它的“自主创新基因”。今天，京东方从产品到工业设施的物质面貌已经与北京电子管厂有天壤之别，但从它的思维方式、战略倾向和组织行为等方面，到处都能看出那个“红旗工厂”的影子。理解京东方需要从了解北京电子管厂的历史开始。

北京电子管厂始建于1953年，它是中国“一五”时期156个重点项目之一。在中华人民共和国成立后30年间，北京电子管厂曾经是中国最大、最强的电子元器件厂（20世纪60年代是亚洲最大的电子管厂），是中国电子工业和国防工业的骨干企业。它所在的北京市酒仙桥地区也随着十几个工业项目的相继建成而成为中国最大的电子工业基地。改革开放以后，随着国防需求的下降和采用半导体技术的电子产品的大量进口，这个“万人大厂”因产品市场的萎缩而步步陷入危机。1985年从电子工业部“下放”北京市后，北京电子管厂连续7年亏损，一度发不出工资。

1992年后，北京电子管厂更换了领导班子，改制为股份公司，经历了老业务的关停并转和大规模员工下岗，1993年4月9日，京东方创立（当时公司名为北京东方电子集团股份有限公司，2001年更名为京东方科技股份有限公司），创始人王东升出任董事长兼CEO，带领京东方开启市场化、国际化、专业化的创业征程。京东方的发展历程可以由一个事实来证明：在酒仙桥这个曾经聚集了十来家骨干企业的中国电子工业基地，依靠产品和技术而成长为今天行业领先者的只有京东方一家。

但是，京东方没有选择走短期来看更容易的路，而是在20世纪90年代末决定重新进入高技术工业，在经过数年的尝试之后，进入了TFT-LCD（薄膜晶体管液晶显示器）工业。从盈利的角度看，京东方选择了一条异常艰难的道路，经历了“九九八十一难”。但正因如此，京东方成为自20世纪50年代半导体革命以来，在电子核心元器件工业中能够影响全球市场格局的第一家中国企业。

当我们把京东方置于全纵深的历史脉络中时可以看出，它在世纪之交做出进入TFT-LCD工业的决策时，首要的原因不是出于什么“战略”。过去20多年，在寻找新工业领域的尝试中，京东方的战略经历过多次变化，有的变化甚至是根本性的，从中很难看出有什么连续性。但如果追寻这些变化背后的力量，可以发现，京东方的领导者具有始终未变的两个信条：第一，坚持把高技术工业作为主业，而且一定要掌握核心技术；第二，必须依靠自己的力量从市场竞争中寻求企业的未来。因此，京东方的决策首先是一种对“命运”的选择，而战略不过是选择了“命运”之后如何去做的问题。

当京东方决定进入TFT-LCD工业时，没有足够的资源（技术、资金、人才等）可以令其有把握地面对巨大的风险，实际上它选择了一条最难、最苦也是最危险的道路。京东方做出这个选择的原因是它的领导者坚信自己的企业命中注定要做高技术工业。因此，决定京东方过去20多年发展道路的关键因素是一种信念。

事实上，在1997年上市之前，就有一家表示愿意向北京东方电子集团投资的外国基金建议说，做东方电子不如做东方花园，因为房地产的利润很大。上市之后，京东方内部也曾发生过争论。有人主张不再做电子产品而转向房地产，也有人提议做一个投资管理公司。创始人王东升对这些提议坚决反对，他的理由来自被北京电子管厂的历史所塑造出来的信念——我们生而干高技术工业。

分析框架：中国企业成长导航模型

在解析了京东方的“基因”或内在精神之后，我们接着回答如何看待京东方的成长历程。我们认为，企业没有成功，只有成长。所谓成长，是指“企业从小到大，从弱到强的过程。从可量化的指标看，成长表现为经营业绩、资产规模的持续增长；从组织能力角度看，成长是指竞争力的提升”。本次案例研究，我们采用由华夏基石管理咨询集团领衔专家施炜博士开发的“中国企业成长导航模型”作为分析框架。

中国企业成长导航模型以华为、美的等中国领先企业成长过程和成长经验为基础，在企业成长阶段划分上，主要以企业成长的主要动因（主要依靠什么成长）为依据。企业成长五阶段模型中，横轴代表时间，意味着企业成长永无止境，但会有企业在不同的阶段退出或消亡。纵轴代表规模，可用营业收入、利润规模、企业价值、资产规模等指标衡量，也可以用数字化指标背后的企业能力和优势进行定性评价（区分为不同的阶梯和层次）。模型中的曲线意指绩效的变化——增长、拉升，或波动、停滞。

该模型将中国企业的成长划分为五个阶段：创业阶段、机会成长阶段、系统成长阶段、分蘖成长阶段、重构成长阶段。这五个阶段还原了企业从创业阶段到重构成长阶段的一般规律和内在逻辑。

创业阶段。这一阶段，企业为生存而寻找、探索机会，主要的战略行为是商业模式试验以及产品和服务的试错。创业期企业，还谈不上正规组织，但有了组织的胚胎，蕴含着基本治理和利益结构及文化基因。组织建设的主要任务和相关行动是构建核心创业团队、形成领导核心以及制定基础性的组织规则。

机会成长阶段。由于能力、资源基础薄弱，许多企业超越创业期、摆脱生存风险的关键在于获得外部市场机遇。企业的主要战略任务是把外部市场机遇转变为切实的业绩增长，关键战略举措是营销创新，以营销驱动成长，而组织建设的主要任务则是打造激情型营销团队。

第一次管理整合。机会成长阶段，企业最主要的问题在于组织能力缺失，一旦机会的潮水退去，企业就有可能终止成长。因此，需进行管理整合，做好组织架构、企业文化、运行流程、体制机制等组织层面的调整，以及团队建设、人才培养、领导力提升等。这既是成功企业的经验，也是企业成长的内在要求。第一次管理整合的主题是职能发育，任务是使企业实现“组织化”，即从人治到法治、从领导者个人驱动到组织驱动，构建企业能力管理体系。该阶段最大风险在于职业经理人能否“存活”以及专业化人才队伍建设。

系统成长阶段。第一次管理整合有效进行之后，企业就会进入高歌猛进的系统成长阶段——不管外部机遇存在抑或不存在，都能依托自身的系统、整体能力成长。这一阶段企业的主要战略任务是扩大主业优势和复制成功，关键战略行为是资源动员、集聚和压强。与“系统成长”相匹配，创造卓越业绩的必然是具备高能量、高能力的组织。

第二次管理整合。系统成长阶段，企业的经营规模和体量成倍甚至数十倍地扩大了，相随而来的主要问题在于集权体制以及家长型、集中型领导方式，束缚企业发展，抑制组织活力。这次管理整合的主题是体制变革，主要内容包括管理体制向分权化方向调整，设计清晰、规范的分权授责体系以及多层次的利益共享机制。主要风险在于企业家不能实现自我突破，比如分权、分钱不充分、不到位、不明确，以及机制、能力不匹配，比如缺少能独当一面的经营领军人才。

分蘖成长阶段。从我国众多头部企业的成长实践看，当主业成长曲线拉升到一定高度时，往往都会进行业务多元化扩张。和查尔斯·汉迪“第二曲线”理论不同，分蘖成长并非主营业务从成熟走向衰落的替补或更迭，而是多业并进。这一阶段，企业的主要战略任务是实现新业务曲线的拉升，关键战略行为是收购兼并以及资源共享。在第二次管理整合的基础上，这一阶段的组织形态通常具有既“分”（如采取事业部制）又“合”（如构建公共职能平台及赋能中台）的特点。

第三次管理整合。企业进入分蘖成长阶段，已经是在诸多领域领先的大型企业了，如格力、联想、海尔等企业，通常会面临主业老化、成长空间受限的风险，同时也会遭遇与组织规模扩大相伴而生的组织复杂度增加以及组织衰老的挑战。为了开辟未来成长的道路，企业需进行整体性、结构性变革，内容包括组织范式（基本结构）转换、企业文化重塑、领导力标准及领导方式改变等。这次管理整合的最大风险在于路径依赖、利益掩累以及变革过程中操作失误、变革领导力缺失等。

重构成长阶段。欲突破成长限制、打破组织衰亡的宿命，企业需通过战略重构来实现可持续成长。这一阶段的主要战略任务是二次创业、重新出发，关键战略行为是寻找新的机会，选择新的业务领域，重新定义产业及业务以及商业模式创新等。这一阶段，企业未来发展充满了不确定性，竞争环境也对组织提出了多方向甚至矛盾性的进化要求，因此组织将呈现出“叠加”状态：既是机动性强的小企业，又是能聚焦组织资源的大企业；既能激活个性，又能实现联合；既有组织边界，又无组织边界；既有统一意志和文化平台，又有分布式自组织功能……

总结来说，企业成长是从低级发展形态向高级发展形态的递进。企业从前一个成长阶段进入下一个成长阶段，意味着生存模式、竞争能力的升级。而“较低”“较高”发展形态的标志，一是战略层面的经营模式（包括业务结构、商业模式、成长依托等）以及动态竞争、赶超方式，二是组织层面的架构、机制及效能。企业从前一个成长阶段进入下一个成长阶段，须经历管理及组织变革。只有成功变革，企业才能迈入更高的成长阶段；不变革或变革失败的话，企业只能长期徘徊于原先的成长阶段直至最终出局。每个成长阶段之间的边界，就是一个过滤机制。

京东方创业阶段：新时代新追求

改革开放以来，中国经济进入一个新的阶段，但北京电子管厂却连年亏损。

京东方成立后，创始人王东升在讲话中提出，“我们说‘走自己的路’，就是说要坚持‘独立自主、自力更生、实事求是’。由于长期以来计划经济形成的惯性，等、靠、要，按上级的指令行事，延误了不少的时机。现在，我们终于清醒地认识到：我们正处在生死存亡的严峻时刻，我们所处的环境是，国家不会也不可能再给我们输血，不能再指望别人救我们，我们生存的唯一希望是靠自己救自己，靠自己的努力，向市场要效益，向管理要效益，向科技要效益，向质量要效益”。

我们在前文讲过，在创业阶段，企业为生存而持续寻找、探索机会，主要的战略行为是商业模式试验以及产品和服务的试错。从 1992 年到 1994 年，为了活下去，京东方的各级领导积极寻找能够迅速盈利的项目。

1997 年，北京东方集团在深圳证券交易所 B 股上市。上市后，京东方明确提出以高技术产业为主、专注半导体显示产业的战略抉择。

B 股上市是京东方在生存阶段的一个分水岭，在此之前，企业只能以现有的资产去求别人来合作干点什么；在此之后，企业终于可以自主选择干点什么了，王东升和他的团队真正开始讨论企业的发展。这是企业从北京电子管厂建厂40多年来，第一次有了可以进行自主投资的钱。当然，有了可投资的钱，还要选择干什么。

1998年，在企业生存状况彻底好转之时，京东方高层提出了“两个转变”的方针：从主要以投资等手段推动企业成长转变为依靠合营和主营产业相结合推动企业成长；由传统的电子元器件制造企业转变为新型元器件、整机和系统并举的电子信息高科技企业。回顾那个历史关头，第一个转变的实质是从以生存为目标的分散多元经营向发展主营产业转变；第二个转变是向高技术工业回归，实质是继续坚持干工业。两个加起来，就是京东方要以高技术工业作为主营业务。

提出“两个转变”的动力首先来自对寻找主营业务的渴望。1997年6月，京东方挂牌上市后，王东升在当年的集团年中工作会议上提出，要奋斗10～15年，把京东方建成中国的“三星”（即一个具有较强竞争力的国际化大公司），年主营业务收入到2010年要达到200亿元。但这只是个抽象的宏伟目标，因为当时的产品不足以支持企业去实现这个目标。正如王东升在1998年2月的集团工作会议讲话中所言，“到目前为止，我们尚没有形成与上述目标营业规模相适应的主导产业，主营业务不清楚、不突出”。王东升对历史教训很清楚：“为吸取原电子管厂以往战线过长、主营业务不突出、产品多而散、产品间缺乏联系、关联性差，以致资源分散、顾此失彼，无法专心做好主营业务，陷入严重亏损境地的深刻教训，我们需要统一思想，建立规矩，按市场化原则自我约束和规范产业结构调整、发展的方向和行为。”

2000年前后正值全球范围内的互联网热潮，热望进入高技术工业的京东方也追随潮流。A股上市后，京东方进入IT终端产品领域，包括笔记本电脑、专业电脑、数码相机等产品。

王东升在那时就提出，京东方要有自己的产品和品牌，最重要的是要拥有自己的核心技术：“一个以机会主义为先导的企业，可能会在一定时期、一定环境下有一夜暴富的纪录。但是，作为一家要跨入世界先进行列、誓以产业报国的企业集团，没有自己独立的核心技术，持续发展的机会几乎为零。因此，我们要建立京东方自己的新技术研究机构，培养自己的技术人才，培育自己的技术市场，凭借自己的技术优势参与市场竞争。”

在京东方的历史上，最重要的决策是在21世纪初决定进入TFT-LCD（薄膜晶体管液晶显示器）工业。当以王东升为核心的京东方领导层在世纪之交做出这个决策的时候，没有人（包括王东升自己）能够预计其后果。事后看，这个决策成就了京东方。但是，这个决策并不是“灵机一现”做出的，而是在探寻转型的过程中形成的。

京东方机会成长阶段：突破关键规模

20世纪90年代，CRT发展如日中天，但一场平板显示对

CRT 技术的替代危机已初露端倪，TFT-LCD 液晶显示技术已开始在日本产业化。当时，国内大多数厂商尚未意识到这场替代危机，至少低估了替代的速度，而京东方感受到危机的寒冬即将来临。1994 年，创立之初的京东方成立了平板显示预研小组，跟踪研究等离子显示（PDP）、TFT-LCD 及场致发射显示（FED）等显示技术。

经过对产业发展方向的判断，京东方认为，无论 PDP 还是 FED 技术都依然以真空电子技术为基础，而 TFT-LCD 的技术基础是半导体，从技术替代大趋势看，基于半导体技术基础的 TFT-LCD 必将有更长远的发展潜力。1998 年，京东方明确做出"进军液晶显示领域"的战略抉择，并开始战略布局与技术积累。

技术替代是工业发展的必然规律，想要做好一个行业，一定要主动参与技术变化的过程，且必须自主掌握核心技术。提前洞察行业发展方向的京东方不断寻求掌握自主技术进入 TFT-LCD 行业的路径。

2003 年，京东方通过收购韩国现代集团的液晶显示业务进入显示领域，之后成立 AMOLED（有源矩阵有机发光二极体）技术实验室，开始新型显示技术的跟踪与研究。

今天看来，京东方是幸运的——通过一个意想不到的跨国并购迈进自己想进入的高技术领域。京东方等到的那个意想不到的机会，恰恰是促使它从生存战略转向进取战略的同一个动力源泉——想做成中国的三星、中国的松下、中国的 IBM 那样的企业。正是因为有这样的远大抱负，所以在准备进入 TFT-LCD 工业的时刻，京东方不愿意再重复1997年之前的路，不想再走合资的道路，也不想再走生产线转让的道路。京东方的“运气”还是应了那句老话：机会永远垂青那些有准备的人，更具体地说，机会只垂青那些下定决心进入某个领域、有远大抱负，一直密切研究和关注行业动向、嗅觉敏锐的企业家。

京东方决定进入半导体显示器工业的背景以及中国彩色电视显像管工业崩溃的背景，是一个高度国际化的新兴高技术工业——TFT-LCD工业——的崛起。TFT-LCD工业的发展史有两大戏剧性的事实：第一，美国企业发明了所有关于液晶显示技术的基本技术，但因为这些技术迟迟达不到应用到电视机上的宏大目标，它们都半途而废了；而引进了这些技术的日本企业，因为愿意将其应用于边缘产品领域，最终在新技术的产业化上获得成功。第二，创造了这个工业的日本企业并没有在该工业发展起来后成为主导者，而是被敢于采取进取性投资战略的韩国企业所压倒。

韩国企业成功的原因在于，在全世界的液晶显示企业都在亏损的时候，它们咬牙坚持进行大规模的投资，持续上更高世代的生产线。韩国企业的进入和凶猛扩张改变了TFT-LCD工业的游戏规则。TFT-LCD工业史证明了韩国企业改变游戏规则行为的合理性。当TFT-LCD工业开始成熟后，它就展现出与半导体工业类似的基本特点——新产品的开发同时就是新工艺的开发，为新产品开发所需要的试验只有在与生产同一地点和完全真实的运行条件下进行才是有效的。因此，TFT-LCD工业的技术进步和产品创新都离不开对新的生产设施的投资（例如，更大尺寸的显示屏只能由更高世代的生产线生产出来）。由于产品创新要求新的生产设施，投资成为这个工业的技术进步、产品创新和市场竞争的关键因素，而且这种投资的强度高、规模大，因而导致风险高。正是在这种条件下，投融资战略和模式成为企业在 TFT-LCD 工业中获得成功的关键要素，而不是抽象的技术水平。

同样的变化也发生在需求方面——准确地说，是技术进步与市场需求之间的关系：不再是 TFT-LCD 技术本身，而是 TFT-LCD 技术进步在创造需求。由于竞争推动了技术进步和工业创新，TFT-LCD 最终不只进入了电视时代，更超越了电视本身——其应用范围包括了电脑、电视、手机、数码照相机和摄像机、移动多媒体、公共显示屏。即使是电视本身，TFT-LCD 技术也使电视的显示屏幕面积大大超越了原来玻壳时代难以突破的尺寸。更简单地说，液晶平板显示器使所有需要显示的产品都变成可移动了。不再是现有需求限制技术进步，而是技术进步决定需求的范围。

2003 年 1 月，京东方在成功收购韩国现代集团的液晶显示器业务后，随即在北京上马了一条第 5 代线——它以“海外收购、国内扎根”的方式正式跨过 TFT-LCD 工业的门槛。收购 HYDIS 后，为了保持企业经营的稳定性，京东方保留了 HYDIS 原有的全部管理团队和技术人员，同时从国内派驻少数管理人员和大量技术人员去韩国学习，使得 BOE HYDIS 保持了原有的优势。与此同时，2003 年 9 月，京东方国内建设了第一条依靠自主技术建设的第 5 代 TFT-LCD（薄膜晶体管液晶显示）生产线，该生产线于2005年量产，填补了中国大陆液晶显示产业的空白，结束了中国大陆无自主液晶显示屏时代。

2008年，全球性经济危机到来，显示产业进入市场低谷期。虽然面临巨大挑战，但京东方提出“化市场低谷为企业成长机会”，抓住机遇、逆市投资。2009年是京东方扩张版图的一年。4月京东方合肥6代线开建，同年8月，投资达280亿元的8.5代线也在北京亦庄奠基。此后，京东方每隔几年就有新生产线投入建设，每个新工厂的投资都超过200亿元。例如，合肥第6代LCD生产线、福州第8.5代LCD生产线、绵阳第6代AMOLED等多条面板生产线。现如今，包括在建的产线，京东方已有16条生产线遍布全国。

京东方系统成长阶段：依靠能力扩张

收购HYDIS使京东方获得了跨过门槛所必要的技术资源——三条低世代生产线、销售渠道和专利使用权。京东方要想发展自主的技术能力，就必须培养起有能力的京东方团队。但有能力的团队不会凭空产生，必须在工业实践中形成——一个工业领域的能力必须在运营这个工业的过程中才能生成。因此，京东方在收购后立刻建设北京5代线的意义就是建立起可以生成技术能力的学习平台（“平台”可以理解为技术活动的系统），使京东方逐渐掌握技术，形成从开发、生产到营销的组织能力。

在抓住机会快速成长的过程中，京东方于2009年进行了系统性的组织变革，为日后的成长打下了坚实的组织能力基础。这个变革被称为“SOPIC”（strategy，organization，process，IT，control)，设计配合战略的组织、相应的流程、IT系统和内控体系。

2010年10月，京东方开始正式实施被称为“SOPIC”的创新变革，其主要内容是以强化基础能力（客户／市场应对能力、运营精细化）为目标，以专业化、集中化、流程化、信息化为手段，用三年的时间把京东方培育成为业内最具盈利力的企业。

SOPIC创新变革的核心就是互为因果关系的两个内容——集中化和客户导向，其目的是协调更大规模和更加复杂的生产系统，使其能够迅速响应市场需求及其变化。2011年，全球平板显示器工业苦于市场对电视面板的需求疲软，但由于移动互联网的兴起，市场对中小尺寸面板的需求却越来越旺盛。为适应市场需求结构的变化并抓住新的市场机会，京东方SOPIC创新变革对支持这个转型起到了关键作用。

从2012年5月开始，京东方开始建设合肥8.5代线、鄂尔多斯5.5代AMOLED生产线和重庆8.5代线等半导体显示生产线。这三条生产线投建具有不同以往的两个特征：第一，京东方在这些项目中明显增加了用于新技术竞争的内容——如AMOLED面板和氧化物半导体等先进技术；第二，新生产线使用的新产品技术主要依靠京东方自己的研发体系。因此，第二轮扩张的核心内容则是以新技术为导向的产能扩大，而京东方建立的技术研发体系也成为支撑这种扩张的力量。

到2012年7月，京东方的Gen5 TFT-LCD、Gen4.5 TFT-LCD、Gen6 TFT-LCD、Gen8.5 TFT-LCD四条生产线全部实现满产满销，并在该年第三季度实现自2008年第三季度以来的第一次季度盈利。2012年，京东方实现净利润2.58亿元，终于迎来新一轮的盈利期。

京东方分蘖成长阶段：核心能力的释放

短期的盈利并未使京东方冲昏头脑，端口器件主营业务板块已经进入相对成熟的时期，也就是说京东方未来成长空间主要来源于行业整合过程中的部分参与者退出，如何在主营业务板块仍处于成长或者长期稳定发展的时期打造第二增长曲线？从全球范围内领先企业成长路径来看，在这一时期，企业必须充分共享已有的各类资源，打造多元化业务格局，扩张整体实力。通常来说，企业业务多元化包括相关多元化和不相关多元化。以创始人王东升为核心的团队经过深思熟虑，基于自身核心技术基础与产业积累，契合物联网蓬勃发展的历史性机遇，选择向物联网转型，并提出了新的公司定位和目标：为信息交互和人类健康提供智慧端口产品和专业服务的物联网公司，致力于通过软硬融合、应用整合和服务化转型，成为营收千亿美元级受人尊敬的伟大企业。2016年京东方开始加速推动物联网转型，相继提出“开放两端，芯屏气/器和”物联网战略、物联网发展阶段论、应用场景是打开物联网价值创造之门的钥匙、融和共生等理念，业务布局上提出端口器件（D）、智慧物联（S）、智慧医工（H）三大事业板块协同发展方针。京东方以人工智能和大数据技术为核心，依托自身在智能制造、软硬融合的端口器件解决方案，整合供应链上下游伙伴、竞争对手，有机融合物联网软硬要素，与全球生态伙伴共生发展，连接生态中内容端、技术端、应用端等各方优势资源，共同完善生态，共荣共生，协同创新，形成物联网生态系统，赋能场景，创造价值，共建万物互联的产业生态。

关于京东方的物联网转型战略“开放两端，芯屏气/器和”，如何理解其内涵？京东方认为，物联网是由功能硬件、计算单元、传感单元、人机交互单元、通信单元、软件和内容等要素组成的系统。芯片是计算、通信、传感等单元的核心部件；显示屏是人机交互单元的核心部件，也是未来物联网最重要的信息出入口；软件和内容是无形的，如同空气一样存在或被传送，可以称之为“气”；各类功能硬件是有形的，不妨称之为“器”，它们要成为物联网的节点或端口，需要加上芯、屏和软件。因此，物联网就是将相关的芯片、显示器件、软件和内容、功能硬件和谐地组合起来，形成一个人与人、人与物、物与物相连的价值创造系统。所谓“两端”即应用端和技术端，京东方全面并持续地开放两端业务。自2016年起，京东方每年发起、举办京东方全球创新伙伴大会，已有数千家全球伙伴与京东方携手合作，平均日交易合同数百件。截至2020年，京东方与全球超过5000家伙伴联合创新，提供了超过8亿个智慧端口和超过800个物联网解决方案，带动的直接价值超过2000亿元。另外，京东方通过走进合作伙伴创新日，向各界合作伙伴分享最新创新成果。“开放两端，芯屏气 / 器和”战略下，京东方提出开展三大行动：第一，全面开放应用端，和各类有志于物联网领域的企业和专业人士携手合作，创新新硬件、新软件、新应用，共同创造市场新机会；第二，全面开放技术端，与显示、传感、人工智能、物联网解决方案、健康医疗等领域的企业、大学、研究机构和专业人士携手合作，促进技术进步和产品创新，共同创造市场新机会；第三，全面推动半导体芯片、显示器件、软件和内容、功能硬件的和谐组合，与各行各业各方人士携手，创新新应用，开拓市场新机会。

协作有成功，也不可避免有失败。为什么一些曾被看好的物联应用最后却黯然离场？如何才能实现物联网的价值？京东方创始人王东升先生对此进行了深度思考，并在2018年提出“应用场景——物联之钥”的观点。他认为：“任何事物的存在，都有其存在价值。科学技术进步和产业发展归根到底是为了人类福祉，即人们对美好生活的向往。物联网的价值，也应体现在满足人们对美好生活向往这一需求上。因此，物联网至少应具备三个特性：切实的便利、优异的性价比、真正的安全有序。三者之总和，正是物联网价值所在。应用场景是实现物联网‘便利、性价比、安全有序’这三大特性价值的关键，是打开物联网价值创造之门的钥匙。价值创造的本质是更好地满足需求，而需求通过应用场景具象，不同应用场景对应不同需求。只有聚焦场景，才能抓住需求的本质，更好地满足需求，实现更佳的用户体验，从而实现物联网价值创造。找到需求的本质，更好地满足需求，需要不同应用场景的不同专业知识。这些专业知识就是算法，专业知识由行业标准和专家经验所组成。物联网进步发展过程，就是将这些知识、标准和经验等专业资源形成的优质算法，和强大的算力（AI、传感、计算、存储、传输、显示）、功能硬件、软件等相融合，加上场景相关有效海量数据，不断进化升级和价值创造的过程。”

在推进业务转型的同时，为全面支撑业务策略开展，京东方开展业务架构与流程全面优化工作，整合内部资源，建立了更适应物联网需求，从技术到服务的端到端“前中后台”模式，构建集快速市场反应、销售、交付与服务于一体的一站式服务体系。前台面向不同区域市场，因地制宜，针对定制化需求提供专业物联网解决方案，将器件整机与线上线下同步的 2B2C 业务相融合；中台设立数据、技术、生产制造及物联网解决方案中心，形成生产、技术、产品的数字化、集成化软硬融合模块；后台结合中台模块，形成对一线的持续支援，全面支持前台的销售、产品、交付与服务。“前中后台”模式实现产品精准化、管理精细化、营销一体化，打造软硬兼备的均衡能力，深度绑定产业链企业，形成生态共聚、共创更高价值的整体解决方案，不断延伸扩展产业价值链。

2019 年，全球半导体显示行业处于产业发展史下行时间最长、下探幅度最深的低谷期，行业竞争日趋激烈。与此同时，全球范围内经贸摩擦此起彼伏，地缘政治动荡等不稳定因素也为全球经济带来了较大下行压力。在严峻的市场环境下，京东方积极化市场低谷为企业成长机会，在行业市场规模总体萎缩大环境下，实现营收持续稳定增长，公司实现营收约 1160.60 亿元，同比增长约 20%。D、S、H 三大事业板块齐发展，显示器件市场整体销量同比增长 16%；智造服务整机高附加值产品类销量占比提升，TV 整机内销市场销量同比增长 180%；创新转型业务营收和市占率保持较高速度增长，包括传感器及解决方案、IoT 解决方案、智慧零售、数字艺术、移动健康、健康服务等在内的转型业务营收同比增长 60%，物联网转型战略稳固推进。

结语：京东方成长的启示

需要铭记的是，开发出新技术并不能让公司永远立于不败之地，更需要有足够的市场规模供产品的刷新和迭代。

历经风雨，京东方已成为全球主要液晶面板供应商。京东方掌握了面板行业的话语权，为全球知名手机品牌提供液晶以及柔性 OLED 屏幕。掌握核心技术，也拥有规模优势，京东方在业内有了和任一对手抗衡的底气，不管面板的价格怎么跌，京东方都能持续生产和盈利。

“在高精尖的产业，人人都是追赶者。”王东升如是说。抢抓产业变革机遇，提升创新驱动发展能力，京东方的发展依循的是这样一个兼具技术优势和规模优势的发展模式，其间有太多经验足以供行业内外借鉴，尤其是在尖端科技的短板——芯片方面，在此转型期探索新发展关键阶段的企业，也可以参考京东方的道路。中国民族工业的振兴，有待更多的企业在这条追赶的赛道上倾力一搏。

| 专家洞察 |

京东方的长期主义与价值共生

京东方，全球领先的物联网创新企业，为信息交互和人类健康提供智慧端口产品和专业服务，在“技术创新”与“资本运作”双轮驱动下，现已发展为全球半导体显示行业的领军企业。

回顾过去，京东方战略清晰、专心专注，对愿景目标不懈追求；展望未来，京东方将基于自身技术基础与产业积累，契合物联网蓬勃发展的历史性机遇，持续创新，致力于通过软硬融合、应用整合和服务化转型，成为全球受人尊敬的优秀企业。

京东方从成立之初，就是一家胸怀梦想、执着追求的企业——“要么不做，要做就做最好”。在过去多年深耕显示产业的历程中，京东方20年如一日，始终保持对技术的尊重，坚持战略清晰、专心专注的创新驱动理念，从电真空技术到半导体显示技术和传感技术，已经形成了强大的整合设计、制造与系统运作能力。如今，京东方融合人工智能、大数据、云计算等，结合万物互联与医疗健康等应用场景，不断创新智能时代所需的领先科技。

多年以来，京东方坚持高比例的研发投入，并通过短—中—长期战略滚动机制、技术展示评价倒逼机制、核心技术营销机制等系列举措，打造30年持续领先的技术创新管理体系并滚动更新，确保未来技术发展的前瞻性、规模性、继承性。以“业务流程化、流程数据化、数据资产化”为原则，京东方稳步推进流程体系优化，追求流程效率最优化和人均效能最大化。

在对“创业文化”的塑造过程中，京东方人长期保持对集体事业永不言难、永不言累、永不言败、永不满足地拼搏追求，并创造了骄人业绩；在公司新的物联网发展战略引领下，京东方将有机融合物联网软硬要素，与全球生态伙伴共生发展，协同创新、创造价值、赋能场景，共建物联网生态系统，共担社会责任，并实现企业永续发展、基业长青。

中国管理模式京东方调研组：

/ 谢志华 北京工商大学副校长、教授

/ 朱武祥 清华大学经济管理学院金融系教授

/ 刘　军 中国人民大学商学院教授

/ 孙　波 华夏基石执行副总裁，中国人力资源开发研究会常务理事

/ 李云竹 中国管理模式 50 人 + 论坛秘书处工作人员

/ 李欣君 中国管理模式 50 人 + 论坛秘书处工作人员

第四章 中国一拖模式与未来展望

| 企业速写 |

现代化农业发展的前景在哪里

作为国家“一五”时期156个重点建设项目之一，中国一拖集团有限公司（以下简称“中国一拖”）于1955年开工建设，承载着促进中国农业机械化建设、为农业增产提供技术装备支撑的使命。

1958年，我国自主研制的第一台履带拖拉机“东方红”在一拖诞生，成为我国农机行业的标志性品牌，中国告别“土牛”，进入“铁牛”时代。

“出第一的产品，育第一的人才，创第一的业绩。”[1]这是1959年

[1] 资料来源：中国一拖厂志。

10 月 12 日周恩来总理视察中国一拖时的嘱托，而一拖也一直将这“三个第一”作为企业的核心价值观，坚守至今。一方面，中国一拖通过研究市场需求，把握未来市场需求动向，引领市场。另一方面，中国一拖通过建立强有力的研发队伍，保证装备水平一直处于满出勤和高质量，做出第一的产品，最终创第一的业绩。

21 世纪初，随着土地流转政策的推进，我国农业生产向成片化、规模化种植方向发展，与之配套的农业机械也呈现出大型化、现代化的趋势。而内部构造复杂的大功率拖拉机动力换挡核心技术，长期被国外企业垄断，单台机售价动辄数百万元。中国一拖通过每年持续投入销售收入的 3%～5% 进行技术研发，并始终抓住“核心技术、一流产品”这一主线，形成了系统化且有自主知识产权的农机技术体系，从而使技术进一步转化为高技术含量与高质量的产品。2018 年 10 月，由中国一拖牵头组建的国家农机装备创新中心成功研发出无人驾驶拖拉机——超级拖拉机 1 号。

经过 60 余年发展，中国一拖已累计向社会提供拖拉机 300 余万台、柴油机 200 余万台，为中国农业发展做出了积极贡献，同时也奠定了中国农机工业基础。2020 年 2 月，中国一拖联合洛阳市内的 162 家及省外 600 家上下游配套企业，在严守防疫标准下，解决供应链、物流问题，推动生产线复工，力保春播春耕。

中国一拖通过“承担使命、长期投入、自主创新”来践行“第一”的价值追求，成就“第一”的行业地位；通过打造长价值链，实现了拖拉机价值链的“自主、自足”，并在上下游的客户关系管理上体现融合共生。

| 企业案例 |

“第一”的价值传承与成长力

1959 年 11 月 1 日，我国第一个拖拉机制造厂宣告建成。在之前的一年，中国首台自主生产的履带式拖拉机“东方红”问世，拉开了中国农机工业化序幕。曾几何时，东方红成了拖拉机的代名词，在“开”上 1 元面值的人民币之后，更成为家喻户晓的“明星”。据统计，东方红拖拉机在计划经济时期完成了中国 60% 以上机耕地作业。

进入市场经济时代，中国一拖像大多数国企一样经历了前所未有的挑战，几经沉浮，历经曲折，却始终站在中国农机行业的潮头。是什么支撑着中国一拖走过了 60 多年？作为我国农机制造行业“长子”的中国一拖又会拥有什么样的未来？

通过追踪其发展历程，剖析其发展路径，我们得出这样的结论：中国一拖，这个位于中原大地、古都洛阳的老国企是一家“创新驱动型”的企业，是一家“价值观驱动型”的企业（见图 4-1）。

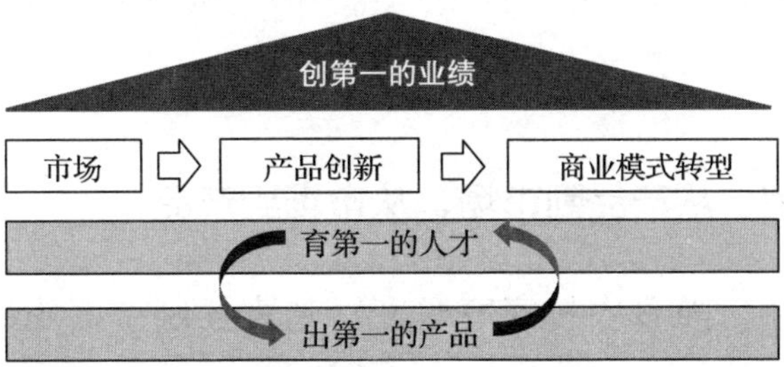

图 4-1　中国一拖的“三个第一”的核心价值观模型

顺应客户需求变化的大趋势，顺应行业变化的大趋势，顺应技术发展的大趋势，对技术与创新的执着，是中国一拖商业模式的连续转型升级及企业持续成长最为关键的部分。但是，中国一拖从来没有跨越式的创新，它所有创新都是长期积累的自然结果。中国一拖的创新与转型能力根植于其历史悠久而独特的“三个第一”的核心价值观中。

三次转型：商业模式的蜕变

满足客户的需求，为客户创造价值，把客户的利益和价值真正放在第一位，是企业存在的理由与价值，是企业能够活下去的根本。从客户的需求和痛点到企业价值主张，是企业构建、转型与升级自身商业模式最本质的环节。

在中国一拖 60 多年的发展历程中，曾经有两次大的转型，第三次转型还在进行中（见图 4-2）。在第一次转型中，客户需求与价值真正成为中国一拖成长的牵引；在第二次转型中，以技术为支撑的相关多元化发展奠定今日与未来中国一拖的业务布局；正在推进中的第三次转型，是中国一拖发展历史上最为复杂的一次转型。

第一次转型：从产品到市场，从市场到产品

1981 年，随着农村家庭联产承包责任制全面施行，耕地分成了小块儿的“面条田”。中国一拖当时生产的履带拖拉机，已

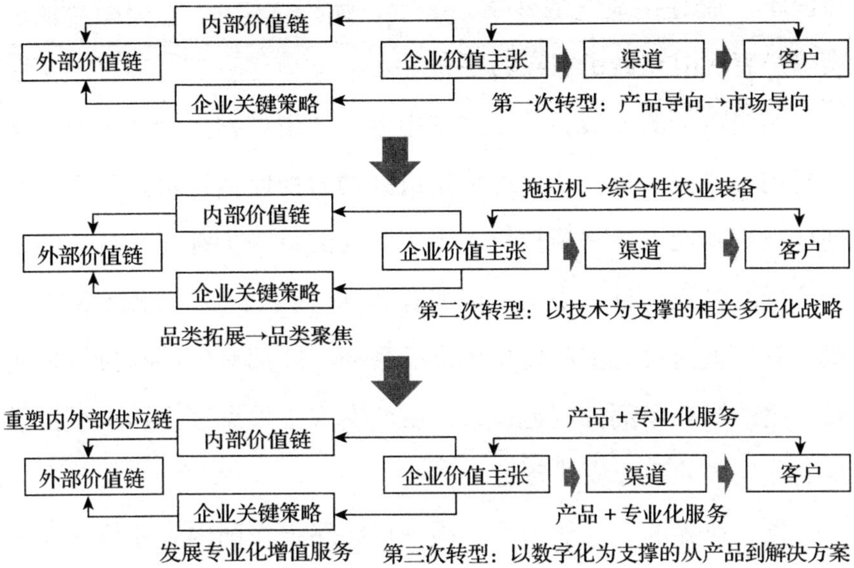

图 4-2　中国一拖的三次转型示意图

经不适合包产到户小地块作业的情况了，中国一拖遭遇市场经济的大浪，迅速步入低谷，形势变得十分严峻。于是中国一拖先后派出了 500 多人奔赴东北、西北、两湖、两广等 15 个省、106 个县进行调研，带回了农民用户的意见："你们不能光生产'大家伙'，那在我们这些小片地上转不开，你们咋不造小点的，最好能相当于 1 头牛的价钱，但有 8 头牛的力气，又会犁地又能跑运输。"

按照调研信息，中国一拖迅速研制出符合农民需求的东方红 15 马力拖拉机，并在 1983 年底形成了 1 万台的生产能力。此后，很多人开着小四轮拖拉机真正走上了致富路，东方红小四轮成为不少农民小康家庭的标配。"小四轮在中国一拖业务紧缺的情况下，通过接地气地开发，给了一拖二次生命。”中国一拖首席信息官姚卫东做了这样的定义。

顺应市场的发展，从小型到中型、从中型到大型；从履带拖拉机到轮式拖拉机，从普通拖拉机到动力换能拖拉机；从有人驾驶拖拉机到无人驾驶拖拉机，中国一拖的每一步都走在行业的领先位置。时至今日，中国一拖拥有 8000 多个 SKU 的各类型拖拉机，具有国内最完整的拖拉机产品系列，并拥有中国拖拉机行业最完整的核心零部件制造体系，已然实现了根据客户需求小批量定制化生产的商业模式转型。

领先业界的研发能力使中国一拖始终走在国内农业机械技术前沿，主导中国农业机械化进程。“中国一拖现有的产品都是拥有自主知识产权的，和国际先进技术相比还存在一定差距，但基本上处于同一个技术平台上。”

拖拉机很复杂，仅挡位，前进挡加后退挡就有 80 多个，此外，拖拉机的作业环境也很复杂，受到气候、地理位置、地形、作业方式、作业习惯等太多的限制。需要大数据积累才能进行产品调试、性能调试和最终产品的完善。

以大轮拖为例，20 世纪 80 年代以引进的方式开始研发，基于当时的市场需求，短期内是根本看不到回报的，中国一拖坚持用小轮拖的收益来支持大轮拖研发。这样的选择与坚持，是因为中国一拖认识到：在世界农机行业，装备大型化、多功能化、智能高效化是趋势，大轮拖也将是我国农机市场的必然选择。

第二次转型：多元化战略的加与减

东方红小四轮成功之后，以市场需求为导向，以技术为支撑，中国一拖开始了自己的产品多元化发展的历程。东方红加重自行车、越野汽车、柴油机、压路机等产品先后研发成功并上市。其间，中国一拖先后兼并信阳柴油机厂、许昌通用机械厂、郑州煤机厂等企业。

进入20世纪90年代，多元化发展的中国一拖业绩开始下滑。1994年，中国一拖出现建厂以来的首次亏损。虽然中国一拖于1997年在香港地区上市，成为中国农机企业中当时唯一的上市公司，但之后的多年里，企业一直徘徊在亏损边缘。

2001年，中国一拖提出了“三分四层”的经营战略。所谓“三分”是指“分兵突围，分块搞活，分兵挺进”；所谓“四层”是指四个层次，即将农业机械、工程机械、动力机械三大板块做大做强，将零部件专业厂做精做专，把和主业关联度不大的生产单位进行剥离。这一战略的实施让中国一拖逐步走出困境，并为今天的业务布局奠定了坚实的基础。

经过60多年的发展，中国一拖已经发展为以农业装备为核心的综合性装备制造企业集团，拥有拖拉机、柴油机、农机具及零部件构成的完整的产业链体系，并延伸制造特专车辆。

第三次转型：进行中的从产品到解决方案

全球知名农机企业，均在从为用户提供农机与农艺系统解决方案出发，在制造产品设备的同时，协同发展制造服务业务，构筑售前、售中、售后全过程服务体系。

对于中国农机行业而言，从制造为主向服务型制造转型也同样是必然的趋势。所谓服务型制造，即从以加工组装为主向“制造 + 服务”转变，从单纯出售产品向出售“产品 + 服务”转变。

这样的转变，源于对用户需求变化的响应，不仅发生在农机行业。这样的转变，意味着企业商业模式发生了颠覆性的变化，“服务”成为企业利润来源的重要组成，甚至是核心。

国内一些农机企业也开始通过融资租赁、延伸服务等，不断尝试向提供整套解决方案的服务商转变。行业竞争趋势的变化，引发行业竞争规则和竞争制胜关键的变化。服务型制造能力成为决定农机制造企业竞争力与竞争优势的关键，成为实现企业可持续增长的必然选择。

基于这一行业趋势，中国一拖正在推动自己的第三次转型：“探索制造服务业务的成长模式和发展途径，推动核心增值环节从价值链上的装配制造向制造服务领域转移”。基本目标是以当前制造业务为输入，聚焦优势资源，为用户提供农业装备成套解决方案，实现产品全生命周期管理。

重塑内外部供应链：中国一拖首先从强化企业内部供应链管理作为发端向服务型制造转型，推进协同设计、智能制造、战略采购的实现。在此基础上，聚焦核心业务和产品，以“专业化、协同化、智能化”为原则，推进全供应链协同，并进一步强化企业在供应链上的主导地位。

发展农业装备成套产品：在保持现有核心业务——农机装备领先优势的基础上，向下游进一步延伸，发展农业装备成套产品，从单一地提供主机装备向提供农业装备成套机组转变。

发展专业化增值服务：在为客户提供技术支持、配件、物流等传统服务的基础上，进一步拓展配套金融服务、主机销售后市场，最终指向实现农机、农艺、农业融合，提供产品全生命周期的专业化增值服务，形成解决方案的提供能力。

中国一拖的服务对象是低收入的农户，一台拖拉机70万元，对于农户而言压力巨大。提供配套金融服务便成为农机销售必需的组成，不只有助于当期销售的实现与增长，更重要的是培育未来。

主机销售后市场，通过远程控制、远程解锁、智能定位，可以为用户及时提供维修、保养等信息，以大大提高设备作业的出勤率从而帮助客户增收。如果拖拉机能满出勤（人休息但机不休息），一般而言，一天能作业600亩[⊖]地，假如一亩地50元钱，一天就是3万元收入。如果影响一天，一天收入就没了；如果影响十天，当年的收入就没了，因为作业时间也就是一二十天，这是对设备拥有者而言。对土地使用者而言，更是如此，比如收割季节，小麦倒伏了，就收不起来了，就会造成不可逆的损失。人误地一天，地误人一年。

解决方案离不开数字化的支撑。在整个作业的过程中，需要检测土壤的酸碱性、适合种什么，是否需要轮耕，收割时用什么样的机械更好，等等；同时，当年雨水的多少、种子的含水量多

⊖　1亩=666.66平方米。

少，这些前处理、后处理等多方面的信息需要有效整合，这样，未来整体农业解决方案的提供才成为可能。

目前，服务业务已经快速成长为中国一拖的第二大业务板块，2019 年销售超越柴油机业务板块，占比达到 15%。

价值观驱动：传承与发展

周恩来总理当年视察中国一拖时，提出了“出第一的产品，育第一的人才，创第一的业绩”的期望。历经岁月与风雨的洗礼，这始终是一拖人发自内心的追求，逐步内化为中国一拖的生存基因。

可以说，“三个第一”的核心价值观，是中国一拖 60 多年发展历程的真实写照，支撑着中国一拖化解了时代巨变所带来的种种艰巨挑战。可以肯定地说，“三个第一”将继续牵引着中国一拖持续成长。

出第一的产品

在 2000 年前后，中国一拖正式推出了自己的文化大纲。其中，对“出第一的产品”是这样定义与解读的：“意味着拥有第一的竞争力；第一的产品从市场中来，能为客户创造价值；具有引导、创造市场需求的能力；掌握核心技术，是市场竞争中技术领先的产品。”

中国一拖一直是中国农机行业发展的引领者、开拓者。比如说，动力换挡拖拉机，国内能够批量生产的仅有中国一拖，不仅是第一而且是唯一。比如说，在100马力以上大马力拖拉机方面，也只有中国一拖能够批量提供300台、500台。市场导向、过程控制与品质第一的经营思维与体系的贯通造就“第一的产品”的实现。

以市场洞察为先导进行产品的创新与设定，做行业引领者而不是追随者，让中国一拖明显区分于行业竞争参与者。不是等待别人有了再去跟随与模仿，而是提前分析与研究市场和用户的需求，提前去把握未来市场需求的动向。

市场需求什么，营销人员说了算；需求如何满足，是研发人员提供研发计划，但整个公司都要参与进来。研发产品需要什么样的人，需要多少资金，需要什么样的设备，这些资源怎么获得，等等，需要采购部门、人力部门、财务部门、制造部门等进行协同一致的、有效的资源匹配与管控。中国一拖将其称为“在过程控制中依然要保证第一”。

在最终的产品上，“第一的产品”主要体现在质量追求上，“生存勿忘质量”。在农机行业，东方红是公认的高品质的代名词，这一点为用户与行业所公认。用户满意度、故障率、返修率等质量评价指标，东方红一直处于第一的位置；故障处理速度、故障响应方式、故障最终解决时间，东方红也一直处于第一的位置。

育第一的人才

做出第一的产品，就要建立一支强大的人才队伍。“人才是企业取得成功的关键，是企业发展的第一资源，优秀人才是架通战略和执行的桥梁，是企业发展的前提。”

人才的“选、育、用、留”离不开环境的造就，打造一个以“一拖人”为自豪的组织氛围，让每个人在不同点上一起努力，让每个人保持积极和创新的心态，中国一拖对技术队伍、干部队伍以及一线员工做了分类分层的制度性安排。

针对基层的一线操作工人，除了一直传承“师带徒”的模式外，还建了很多劳模创新室、劳模文化室。中国一拖的劳模室，都是以某个人命名的，其激励与示范意义不言自明。

中国一拖每个月都会评选关于创新、创效的案例，分不同层级，班组级的、车间级的、分厂级的、公司级的。这样做的目的：一是宣传，保持公司创新的文化氛围；二是知识分享，以创造更大的效益；三是激励，对创新、创效人才给予物质与非物质的奖励，当然，创新、创效人才可以晋升得更快，无论是管理通道还是技术通道。

后备干部的选拔与培养一直是中国一拖干部管理的重点。在构建针对性的分级培训体系之外，中国一拖的后备干部管理体系有三个关键点：第一是选，第二是用，第三是练。选的时候，前置性设置课题，针对课题的完成度进行业绩评价，如果是公司级的后备干部，公司管理层都要参与评价，所有的其他事情都要放下来。评价之后，就会给优秀的后备干部压担子，安排后备干部在不同的岗位上进行一定时间历练，历练的过程中有跟踪，有指导与考评。

中国一拖很早就构建了人才发展的双通道：行政序列通道与专家序列通道。作为专家有对应的称号，公司级的专家可以匹配到公司副总级的待遇。

干部与人才管理体系的有效运转，必须匹配以绩效与激励为载体的动力机制。企业到了一定规模以后，流程会越来越多，风险控制会被看得越来越重，容易形成对流程负责、对程序负责而忽视目标与结果的现象。

中国一拖强调目标与结果导向的绩效文化，通过动力机制来引领员工，让每个人都能够迸发更多的自我价值实现的欲望和潜能，也让公司更具有活力。在中国一拖，中级管理人员，比如说专业厂厂长，只要创造了业绩就可以得到比公司经理高得多的待遇，类似的机制都已经成为中国一拖管理体系的正常组成部分。

创第一的业绩

相比行业竞争参与者，中国一拖的竞争优势还是相对明显的。

第一，表现在研发和产品创新方面。中国一拖每年大体上保持把销售收入 3%～5% 的比例投入到研发上，每年都投入几亿元，远高于同行业的投入水平。

第二，拥有核心零部件的制造能力，比如齿轮、发动机、负压驾驶室等，中国一拖称之为“黄金供应链”，能保证响应市场速度更快、产品设计和产品生产同步进行。

第三，协同的上下游关系，虽然很多厂家都在表达“共享、双赢、增值”的理念，但中国一拖通过“说到做到”真正落了地。比如，对供应商，及时付款成为公司的一个战略性要求，说三个月付款，三个月一定会付出；再比如，基于对供应商在质量控制、过程管理、生产管理等方面的管理、评价和引领的机制，及时输出中国一拖的理念与方法，现在已然实现了信息系统共享与计划协同。

但是，这些相对的竞争优势并没有全部转化为市场上的竞争优势。简单归纳，主要原因有二。

其一，相比中国一拖，行业竞争参与企业具有更快速、灵活的反应机制和对路的营销策略。正所谓“以正合，以奇胜”，更加了解用户心理与需求的同行常常以“一招鲜，便吃遍了天”。

其二，基于创新与品质投入，中国一拖的产品比同行的产品贵。虽然在成本控制方面做了很多的努力，虽然中国一拖的产品综合使用成本是最低的，但在相当长的时期内，价格是农机行业竞争制胜的关键因素。

国内农机及拖拉机领域是一个竞争非常激烈的市场，全国性品牌有七八家。之所以能够容纳这么多品牌，源于中国市场地域广阔、地形丰富、种植的种类繁多。国际市场农机品牌集中度非常高，中国市场农机品牌集中度也在持续提升中。比如在大拖领域，前三家占据了 60% 的份额，前四家占据了 70% 的市场，集中度已经非常高了。

中国一拖大中拖年销售 5 万台，中国市场份额在 24% 左右；中轮拖年销售 2 万台，中国市场份额在 18% 以上；柴油机年销售 10 万台，中国农机配套领域第一。虽然综合业绩表现位居行业第一，但中国一拖还没有再次成为真正的行业领导者，行业领先者的定位更为准确。

走进未来：行业真正的领导者

回溯历史，方能更好地预见未来，方能更好地走进未来；但未来的过去就是现在。

中国一拖的愿景是“做中国农机行业领导者，致力于成为卓越的全球农业装备供应商”。对中国一拖而言，这一目标并非那么遥远，农机行业的发展态势、用户认知的变化都在创造更加有利于中国一拖的外部环境；当然，中国一拖的第三次转型能否真正成功是真正的关键。

中国农机的未来

农业机械化有几个标志性阶段：40% 以上是初级阶段，40%～70% 处于中级阶段，70% 以上处于高级阶段。欧美 20 世纪六七十年代都已经实现了农业机械化的高级阶段，日韩在 20 世纪八九十年代也实现了。

中国从 40% 到 70% 这个阶段走得很快，从 2004 年到 2014 年前后历经十年。现在中国基本上稳定在 70% 左右的水平，机械化程度还有很大的提升空间，农业机械依然是一个朝阳行业。

国家近些年一系列的“三农”政策，农业合作社、农机合作社的兴起，为高端大型自动化农机带来了更多的机遇。土地的产出效率提升和保护性的耕作，一定是关乎我们国家粮食安全的战略性问题。用小拖拉机作业，作业时间长，犁一遍，耙一遍，复耕一遍，做多遍之后土地就会产生板结，土地自由的循环系统就被阻断了，上下水分不流通，一下雨就涝，天稍微一干就旱，土翻不上来了，土地的产出就出现问题。中国一拖近两年感觉到无人驾驶、自动驾驶、大马力的订单在明显增多。

从 2018 年开始，农机消费者的认知也开始发生巨大的变化，价格依然重要，但综合性价比、全生命周期成本、售后服务质量、产品出勤率等越来越成为重要的决策输入项。东方红二手农机交易率、求购率和供给率都是排第一，是一个可供佐证的数据。

国际市场的推进

国际化——成为卓越的全球农业装备供应商，一直是中国一拖的梦想。两个 30% 是“十四五”期间中国一拖要全力以赴确保的目标，即国际市场产品销售数量能够占到整个销售的 30%，大中拖的海外销售数量占比也能够达到 30%。

中国一拖的国际化之路，一开始更多的还是行商性质，只是单一的产品出口，导致销售波动非常厉害。在多年的探索之后，中国一拖开始认识到，农机的销售需要营销与服务甚至是研发体系的建设，以对接当地市场的需求。目前，中国一拖在“一带一路”上的中白工业园建立了首个海外研发中心，同时计划在重点区域和市场适应性地建立组装与改装厂。

差异化竞争力的建构

未来企业的竞争优势取决于它的算力，实际上就是基于大数据、云计算、智能化的解决方案提供能力。

此外，中国农业产出还相对比较低，以数字化应用为基础的精准作业是提高效率与产出很重要的一个解决方向。在夯实基础竞争优势的基础上，实现数字化转型、建构差异化竞争力成为中国一拖必然的选择，也是中国一拖第三次转型能否成功的关键中的关键。

中国一拖对公司的数字化转型有高度统一的认知，也跟华为达成了很多战略合作。在公司正在制订的“十四五”规划中，数字化转型将是最重要的战略举措之一。目前，中国一拖在研发、财务、部分生产单元的信息化、数字化已经比较成熟，但实现价值链整体数字化还需要走相当长的路，一是因为自身的供应链比较长，二是因为持续投入巨大。数字化转型不只是企业自身数字化，更重要的是产业链数字化，打通上游供应商和下游的所有客户，也就是帮助上下游供应商、经销商实现数字化。通常，上下游伙伴自己做不了，也不愿意进行投入，这个时候需要主机厂商站出来。

有了远见与远景，才能把握长期趋势与本质规律，才能据此找到长期赛道，才能据此找到正确的长期定位与战略高点，才能在面对诱惑、面对艰难时，更加坚定地做出正确的判断与取舍以及改变。对于中国一拖而言，第三次转型才刚刚开始。

| 专家洞察 |

中国一拖的长期主义与价值共生

近年来，洛阳一拖以农业装备智能化为抓手，以协同创新为手段，加快核心产品技术升级，持续引领行业技术进步；以产品质量提升为基础，加快提升产品市场竞争力和国际化经营水平，巩固提高行业位势；以制造服务业转型为方向，开放合作，培育为用户提供“核心产品＋系统工程＋增值服务”整体解决方案的能力。中国一拖一直是中国拖拉机行业的领头羊，其“东方红”品牌长期处于中国农机品牌价值第一位。2020 年 8 月通过对洛阳一拖的调研，我们有如下深刻印象。

坚持“第一”的长期主义价值追求

中国一拖将创厂时代周恩来总理提出的“出第一的产品，育第一的人才，创第一的业绩”的要求，定义为公司的核心价值观，通 过承担使命、长期投入、自主创新来践行“第一”的价值追求，从而成就“第一”的行业地位。无论是在中华人民共和国成立初期接受国家任务研发成功履带式拖拉机，在农耕领域实现“点灯不用油、耕地不用牛”，还是改革开放时期适应农村包产到户小规模经营的现实，实现农机现代化、小型化，抑或是面对国内外拖拉机市场激烈的竞争，突破拖拉机“卡脖子”技术，提升产品竞争力的发展要求，中国一拖始终抓住“核心技术、一流产品”这个主线，通过人才引入、有竞争力技术专家待遇、后备干部培养体系等一流人才工程，形成了系统化的有自主知识产权的农机技术，进一步转化为高技术含量与高质量的产品，从而为成就一流业绩打下坚实基础。

融合共生的长价值链管理

长价值链管理，这是公司很有特色的一个方面。中国一拖在做拖拉机整机方面，打造了体系完整的长价值链。公司有完整的从铸造、锻造、车桥、发动机到变速箱、整机壳、驾驶室等各个方面的核心部件的“黄金供应链”，实现了价值链的“自主、自足”。公司还在长价值链的管控方面不断创新，近年来，通过打造东方红云平台，以完整的信息化系统覆盖业务及管理过程，强化过程控制，增强了管理的可视性和风险监控，建立以业务系统为支撑、数据统一平台为依托、统一门户为链接入口，着重体现数据分析对决策支持的信息化架构。

中国一拖长价值链管理不是封闭的而是融合共生的，其融合共生体现在上下游的客户关系管理上，例如：对农户开展“互联网 + 农机作业”，加快推广应用农机作业监测、维修诊断、远程调度等信息化服务平台，实现数据信息互联共享，提高农机作业质量与效率；对上游小企业配件供应商，提供质量控制、过程管理、生产管理、技术服务，提高小企业配件生产的工艺质量、生产效率，从而提高产品附加值，使上游企业在利润和品牌上实现了增值。通过融合共生的长价值链管理，中国一拖的拖拉机业务实现了稳健、可持续的发展，保持了竞争优势。

中国管理模式中国一拖调研组：

/ 乐国林 青岛理工大学商学院教授

/ 张廷智 华夏基石高级合伙人、首席战略与文化专家

/ 李云竹 中国管理模式 50 人 + 论坛秘书处工作人员

/ 李欣君 中国管理模式 50 人 + 论坛秘书处工作人员

第五章

杰克模式与未来展望

| 企业速写 |

缝制设备龙头的华丽转身

“中国制造”向“中国智造”的升级转型，已成为必然选择。加大前沿研发，提升产品自动化和物联网化水平，加快智能制造产业升级，正在成为新的趋势。作为一家在缝制设备行业深耕多年的传统企业，杰克（杰克缝纫机股份有限公司，以下简称“杰克”）认识到时代转变的必然性，积极变革，开启了新制造的转型之路。

2003 年，杰克创始人阮积祥将总经理一职让给一名大学生。2006 年，阮积祥又将董事长一职让给资深职业经理人。

2017 年 9 月，杰克完成 3.2 亿元员工持股，2020 年 6 月再次推出限制性股票激励计划，极大地调动了员工的积极性，提升了内部活力。一方面，杰克通过任用外部人才，不只拉近了与人才的距离，更收获了丰富的行业管理经验，这些经验对产品研发、生产及布局发挥了关键作用，杰克小步快跑实现了行业领先。另一方面，杰克通过推行员工持股及管理层股权激励等方式，深度绑定核心骨干。

从“家族企业”走向“职业经理人管理”，杰克建立了科学的人才管理机制，进一步提升了现代化管理水平，为智能制造转型打下坚实的基础。

2015 年，杰克投资 1.2 亿元购置了行业首条智能生产线。同年，杰克发布的全球第一台会说话的缝纫机 A4，将缝纫机的功能与操作通过语音播报，并在当年实现 30% 以上的市场占有率，成为中国缝制设备行业走上智能化快车道的重要里程碑。

截至 2020 年 12 月 31 日，杰克拥有有效专利 1795 项，获得软件著作权 225 项，连续八年缝制机械行业发明专利申报数量位于全球前列，稳居全球工业缝纫机领域第一梯队。

2020 年底，杰克在全球 130 多个国家拥有经销网点近 8000 个，共拥有 20 多个海外办事处。同时，通过连续收购德国奔马和拓卡、意大利迈卡、意大利威比玛、安徽杰羽、衣科达、灵图慧视等企业，杰克成为行业唯一一家集面辅料仓储、智能裁剪、吊挂缝纫、后道分拣、成品仓储五大模块，以及 MES、WMS、APS 等软硬件为一体的服装智能制造成套解决方案服务商，实现了从“缝制设备制造商”向“服装智能制造成套解决方案服务商”的转型升级。

通过任用有能力的职业经理人团队，进行智能化转型升级，培育良性产业生态链，杰克正引领中国缝制设备行业在世界乘风破浪。

| 企业案例 |

价值共生思维下的杰克企业经营模式

2020年9月中旬，阿里巴巴发布的新制造平台“犀牛智造工厂”在社会上引发轰动。犀牛智造工厂选择从服装制造开始的原因主要是服装鞋帽是天猫和淘宝上销售排第一的品类，服装行业的供需匹配矛盾大，目前有3万亿元的市场规模。然而新冠肺炎疫情期间，个别库存高企在销售直播间甚至以“9.9元一斤”论斤清库存。犀牛智造工厂在与天猫、淘宝平台的数据打通之后，就可以实现以销定产，将库存降到最低直至零库存，实现“按需定制，100件起订，最快7天交付”的产销一体化模式。

其实，“犀牛智造”的基础是由轻工装备制造业企业提供的生产环节的缝制机械，只有获得高度数字化、网络化的缝制机械设备和技术支持，才能建立起高度数字化、柔性化的智能服装工厂，实现大规模服装定制生产模式的落地。

从“犀牛智造”的模式就可以知道其对生产装备的要求之高，也许人们会认为这些装备都来自发达国家的先进制造企业，其实不然，位于浙江台州的杰克缝纫机股份有限公司（以下简称“杰克”）就是为“犀牛智造”提供设备和技术支持的厂家之一。

杰克其实是一家由农民三兄弟创办的家族企业，这样的企业是如何成长为一家上市公司的呢？它又是如何生产出匹配“犀牛智造”模式的装备的呢？通过对杰克董事长阮福德、杰克CEO

阮林兵和董事会秘书兼财务总监谢云娇等人的访谈，我们发现，价值共生思维在其中起到了至关重要的作用。

概况

提及杰克的创业历史，阮福德董事长感慨万千，浙江台州市因为人多地少，历史上人们一直以来的生活就很艰难。正是赶上了 20 世纪 70 年代末我国改革开放，阮氏兄弟三人挑起了补鞋的担子，来到有比南方更多补鞋需求的东北。在大雪纷飞的冬天，他们没有像其他的补鞋匠一样在条件较好的集镇蹲摊，而是走村串屯，挣得了一笔在当时属于可观的钱。

缝纫机是补鞋不可或缺的设备，家用缝纫机也是当时我国城乡家庭奋斗的“三大件”之一。三弟阮积祥在 20 世纪 80 年代后期敏锐地认识到了其中的商机，于是在 1989 年回到台州，用在东北补鞋挣得的钱，开设了一家取名为“飞达”的缝纫机商店。

经过五年经销缝纫机的历练，阮积祥熟悉了缝纫机各种零部件及其供应商。为了挣得更多的利润，他和两个哥哥于 1995 年 7 月一起创办了一家缝纫机工厂，挂牌“台州市飞球缝纫机有限公司”，当时的工厂只有 200 多平方米，主要生产家用小包边机。

随着我国人民生活水平的提高，尤其是大量出口服装的需求增加，市场对工业缝纫机的功能、服务和性价比有了更高的要求，三兄弟带领公司的主要成员在 1999 年 1 月召开了具有里程碑意义的“三天三夜”会议，这一次会议上达成两项共识：一是通过扩建厂房实现规模经营，二是“制度第一，总经理第二”。

公司于2001年更名为“杰克”，自此开始迈向现代企业的发展之路。尤其是在2017年1月19日，杰克在上海证券交易所主板挂牌上市（股票代码：603337）。发展至今，杰克成为世界上产销最大的工业缝纫机企业，成为我国缝纫机行业的大型骨干企业，连续多年全球行业销量排名第一、全国行业出口销量第一，行业综合实力第一。

尽管杰克已经是一家上市公司，但是三兄弟家族控制了公司70%以上的股权，按照家族企业的定义，这样的企业还是属于家族企业。

杰克作为一家家族企业，从三个农民兄弟创办的一家小作坊发展成为全球销量领先的工业缝纫机品牌，除了遇上我国改革开放的大好时机外，主要还是与阮氏三兄弟一直持有并践行价值共生的理念密切相关。

非家人的经营管理者任用

杰克作为家族企业，目前管理层中有95%的人员并不是家族成员，董事长、副董事长、总经理、董事会秘书和关键的财务负责人等都是职业经理人。

2006年，阮积祥将董事长让贤给行业内资深职业经理人赵新庆，杰克启动了总经理轮值制度。总经理轮值制度让公司的高层人员能够更全面地了解公司的业务，培养全局的观念，增强了部门间的理解，使今后的工作配合也更加顺畅。

三兄弟之所以能够这样安排，是因为他们认为仅仅靠自己难以完成把杰克做大做强的目标，应该找专业的、有能力的人来做专业的事情，与专业的人才共享企业成果，同时也需要规范包括三兄弟在内的所有人的行为。因此，杰克确定了一直主导至今的理念："制度第一，总经理第二"，实际上也是这样执行的。

有一些企业会制定分层审批制度，比如，5 万元以上的审批由董事长签字批准，5 万元以下由总经理签字，但是在杰克，三兄弟认为，1 元的签字权与 1000 万元是一样的，只要把制度设计好，就能管理好，这应该是整个制度体系的问题。有了制度和管理体系以后，多少钱的签字审批都是一样的，而有制度不去执行倒是更加危险。

因此，杰克并不存在像其他公司那样的"总经理大还是 CEO 大或者董事长大"这个问题，就是"制度第一"。在杰克，包括三兄弟在内，每个人分工清晰，管理重心在于发挥好每个人的专长。老大阮福德主要聚焦在政府资源方面，二弟主要是负责审计和供应链体系的管理，三弟主要把握整个公司的战略方向。

当然，正如其他组织一样，杰克也有一个灵魂人物，那就是三弟阮积祥，他在大的国际并购和大的企业发展战略方面思考得更多，比如，提出"杰克要做百亿、千亿企业（目前是 40 亿）"。阮积祥提出这个目标后，董事会进行讨论，具体到每年的规划是什么，资源如何引进，在研发方面做哪些创新，国际并购方面如何开展，等等。董事会的决定一旦确认，就是具体执行运营层面的工作了，兄弟三人退出具体运营工作，运营团队会做得更好，因为对一个企业而言，没有最好的管理，只有更好的管理。

为了让公司能够真正实施“制度第一，总经理第二”这个原则，作为核心人物的阮积祥曾经在一次会议上要求全体员工叫他阿祥，希望创造一种无障碍的沟通，就是大家有什么想法直面表达出来，不要在乎谁是老板，谁是领导，而是对事不对人，只要对公司有益，任何人都应该表达出来。随着企业规模的不断扩张，为了进一步打造无边界的组织文化，阮积祥学习阿里巴巴的“花名”做法，号召管理团队都给自己起个花名，在公司里不提倡称呼“某某总”，他给自己起的花名叫“北斗”，他认为北斗七星是指引方向的，他希望把自己缩小，衬托出团队的伟大，让集体的智慧发挥出来。

坚持向外学习

杰克的价值共生思维不仅仅体现在任用非家族成员的经营管理者方面，也体现在充分学习吸收外部先进的思想和理念、采纳和应用来自其他企业的方法和工具等方面。

公司在 1999 年就引进了金蝶 K3 软件系统，2004 年投入了上千万的费用引进了 SAP 公司的 ERP（企业资源计划）软件系统。在上系统过程中，公司的中层以上管理人员半脱产投入到这项工作中，严格按照软件系统的流程进行梳理。目前，公司的数据信息基本全部共享，比如财务人员现在不是去做账了，而是去核账，成品仓库中的产品出库了，只要点击确认，就形成了销售收入的更新账款，财务只需要开税务专用发票。另外，采购只要确认品质部门检验合格，仓库点击收货确认，财务就会形成一笔原材料和应付账款，只要与供应商的发票核对一下即可。包括所有的报销，业务员自己填完申请后，财务核一下相关的票据，就自动传递到银行付款的系统了。

无论是海外还是国内，财务等各项业务基本上都是集中管理了，这就为公司在国内外的并购和参股等方式的实施奠定了扎实的组织管理基础，新冠肺炎疫情期间公司的管理也一直保持有条不紊。

目前，杰克的采购、销售、品质、财务、生产等管理职能全部都应用且依托信息化管理系统。信息化的实施也为杰克的高成长奠定了扎实的管理基础。

杰克之所以那么早就投入信息化的建设，是与创始人三兄弟的价值共享思维分不开的，尤其是三弟阮积祥对于企业的未来发展战略规划有着清晰的认识，杰克要做大做强就必须吸收外部先进的管理理念。

杰克过去做新产品研发很头疼的事情是，要么做出来产品客户不需要，要么做出来后尽管有客户需要但是没有利润，要么就是干脆做不出来而失败了。针对这些问题，杰克引进了华为的IPD（集成产品研发）体系，建立了《IPMT运作与管理制度》。导入该体系以后，杰克分两个思路同时去走，第一条就是保证销售的成功，即做出来后确定是市场喜欢的，而且是有利润的；第二条就是技术路线，即保证技术做出来是成功的。按照这两个思路建立两个团队，第一个团队是企业的领导团队，团队委员会的主任是副董事长，副主任是一个营销副总，成员包括董事长、总经理、副总以及生产、采购、市场等各个中心的负责人，该委员会决策这个产品是不是要投入。第二个团队就是技术专家团队，决定能不能把关好，这个技术能不能开发出来，是不是客户要的东西。两个团队分别决策，如果决策团队由 8～10 人组成，那么有 2/3 的成员同意，这个产品就可以加以研发并投放市场了。

除了组织保障外，IPD 还建立了具体的流程。首先是产品立项，由产品立项岗位人员依据客户需求等进行市场分析和产品分析，形成报告，阐述这个产品有怎么样的性能，是什么价格，市场份额能够达到多少，预计销量是多少。根据该报告由产品立项团队就该产品是否可以立项以及放在哪个产品上立项进行决策，从而进入开发投入阶段。进入产品开发阶段后，每个阶段都要评审，最后投入市场，直至淘汰，整个生命周期都有专人管理。这样，杰克就可以规范地开展 3～5 年的技术规划、产品规划了，在应用了 IPD 后，公司差错率大幅减少，项目的成功率也大幅提高。

在坚持向外学习方面，杰克还有一句很有特色的口号："培训是永不折旧的投资。"阮积祥先后在中欧商学院、复旦大学管理学院、清华大学经济管理学院等学习 EMBA 和 MBA，公司的中高层管理人员大多都参加了相关项目的培训和学习。此外，公司还组建了杰克学院，除了邀请国内外大学的教授为本企业的管理层做培训，还与经销商、供应商共享各种学习资源。

在与下游企业共创价值中赢得市场

杰克深刻地认识到，缝制设备制造行业还是传统的制造业。尽管制造业最近几年都在讲服务型制造业，讲数字化转型，但是在缝制设备行业的压力或者紧迫性实际上更强。主要是因为服装的销售和消费变化特别快，过去服装销售订单量很大，比如说外贸的订单，几十万件、几百万件一个订单。而现在，国内新零售、销售渠道的碎片化等新概念新现象层出不穷，过去服装销售渠道基本都是商超、专卖店、加盟商，开几次电话会议就可以提前下单，服装生产企业再去组织生产或者是备货等待销售即可。

近年来服装市场发生了巨大的变化，其中表现最明显的就是线上销售在过去几年的增量比例都是两位数以上，尤其是在新冠肺炎疫情的冲击下，线上消费的趋势更加明显，线下实体店的生意越来越差，关店的也越来越多。这也就倒逼服装制造需要变革，因为线上跟过去线下销售最大的差别就是交期很短，比如一个网红做一场直播，接了订单后一般七天不交货，该订单可能就退单了。此外，现在电商因为退货倒逼，对款式、面料、做工等品质要求甚至比线下还高，这也就倒逼服装制造企业生产高品质、快交货的商品。

阮积祥分析道，满足目前我国服装市场需求的其实不是那些大的服装企业，因为大工厂决策流程很长，喜欢做大货，而线上销售订单金额不高，需求特别快，大企业难以适应，百十来个工人的小企业倒是电商特别喜欢的供应商，因为这类企业很珍惜接到的各种订单，交货等各种要求满足得也快。实际上，在我国注册资金100～200万元的小型服装企业有48万家，对应的产业工人有1400多万人。

然而对小型服装厂而言，即使一天只做70～80个订单，一条产线就生产六七款，老板要掌握每个订单的交付情况也是很困难的。阮积祥就遇到过一个持有四部手机的老板，这个老板轮换着接电话，总是在应对某个订单明天下午能不能交货的问题，然后再电话问厂里的人员某个订单做到哪里了，其实所有相关的人员在订单交付前，都没有办法掌握这个订单的完整流转情况。而这些小型服装厂又不愿意增加岗位，且费用也比较高，因此不愿意上线可以采集即时数据的数字化管理系统。与此同时，有人认为我国的服装生产产能过剩，很多企业接不到订单，实际上背后还有一个非常重要的原因，就是很多订单找不到优质的供应商，尤其是做线上销售的找不到优质产能。工厂并不是缺订单，而是优势工厂的订单来不及做。

杰克在2015年专门开了一个会，分析了服装市场的发展趋势，管理层认识到，解决服装企业的这些痛点，不仅能帮助这些企业，而且也是杰克的商机，因为杰克70%的缝制设备是销售给这类企业的。于是杰克就提出了要从设备商向服务型制造商转型，当时称“服装智能制造成套解决方案服务商”，从2017年开始就有对应的产品和方案去服务服装企业了。杰克提供的解决方案就是在自动化的基础上实现数字化，即把缝制设备变成物联网（IoT）设备，包括从铺布、裁减、吊挂、缝纫，甚至后套整理的硬件设备互联互通全部实现。让设备像手机一样都能上网，首先要实现数据的采集问题，在数据的基础上，再开发各种软件、硬件，让下游的服装企业慢慢变成一个数字化企业，让企业实现数据上传和指令下发双向的处理。通过设备采集数据，不需要增加任何岗位，也不会造假和出错，再也不会出现以前说能够按时交付订单，实际又常常是空运完不成的情况了。服装企业采用杰克的缝制设备也就拥有了杰克提供的管理系统，企业老板通过手机App随时都可以掌握某个订单的进展情况，可以预计什么时候交货，什么时间交付多少，等等。

杰克为之与阿里巴巴以及三一重工的树根互联合作解决互联平台的问题，打造物联网平台。特别是作为拥有全球首条缝纫机机壳智能生产线的企业，杰克还与东风设备开展合作，从全球采购各类顶尖零件，研发打造专属设备。智能产线的引入，不只是设备的更新，更是生产管理模式的创新，自此，产品在成本、质量、标准化等方面都有了明显提高。

杰克作为一家家族企业，由一家缝制设备制造商突破转型为服装智造成套解决方案服务商，这是发挥价值共创、拓宽赛道思维，既不离开本行，又利用在本行积累的优势，拓宽业务的赛道，获得更大的市场增长空间。

| 专家洞察 |

杰克的长期主义与价值共生

杰克是家族企业中秉持价值共生、敢于拓宽赛道、创新担当的佼佼者。杰克从由三个农民兄弟创办的一家小作坊发展成为全球销量领先的工业缝纫机品牌，一直秉持价值共生的理念，任用有能力的非家族经营管理者、坚持向外学习，并在与下游企业共创价值中赢得市场。

数字经济时代，杰克敢于拓宽赛道，在价值共生理念支持下，培育产业链生态，致力于由一家设备制造商转型为服务于整个服装制造大产业的智能企业。杰克的生态战略得益于坚持在本行业实现纵深创新发展，又利用在本行业积累的优势，自身获得更大的市场增长空间的同时，服务和赋能上下游企业，带领行业做强做大。

随着5G技术的发展和推广，杰克的物联网平台也将逐步发展为整个行业的新业务模式，其基本思维还是价值共生。杰克让供应商围绕其构建稳定强大的供应商生态，使供应商的成本变得更低，利己的同时，更是利他。杰克为确保价值共创、利他利己等企业发展思维的延续，保障企业长期稳定的发展、做百年老店，成立家族办公室和家族基金，建立家规、家训和家风等制度规范。杰克虽为家族企业，但在组织、企业文化、人力资源以及数字化产品与平台等各个方面都表现出了价值共生的思维。

因此，即使在近乎“苛刻”的高要求与严标准的阿里犀牛智造系统中，杰克也能全方位展示自身的综合实力，在推进智慧缝制的商业道路上实现华丽的转身。

对于未来，杰克的经营模式转型，企业战略的布局与升级等优势，将面临双循环格局下的国际化挑战，杰克将如何持续成长，值得期待。

中国管理模式杰克调研组：

/ 刘　杰　复旦大学管理学院教授

/ 任　兵　南开大学商学院教授

/ 汪平安　华夏基石高级合伙人、资深专家

/ 李云竹　中国管理模式 50 人 + 论坛秘书处工作人员

/ 李欣君　中国管理模式 50 人 + 论坛秘书处工作人员

第六章

百果园模式与未来展望

| 企业速写 |

小水果做出大生意

长久以来，水果一直被认为是一门难做的生意。流通损耗大、产品生命周期短、难以标准化等特点，让水果生鲜企业发展举步维艰。深圳百果园实业（集团）股份有限公司（以下简称“百果园”）能开创水果连锁业态的先河，并在生鲜领域开辟一片天地，与其在技术革新、独特的管理思维以及打造产业链方面做出的努力密不可分。

百果园创始人、董事长余惠勇将太极文化中的阴阳平衡理论融入企业管理之中，将刚性的强管控与柔性的经营管理有机结合，在极端标准和极端灵动中找到平衡，并基于此构建了百果园具有中国特色的连锁模式。

具体而言，一方面，百果园对产品服务、经营理念、经营战略等关键性要素进行强管控，通过行业首创的水果全品类标准体系“四度一味一安全”量化维度，严把水果品质关，进一步实现为顾客提供好水果的经营理念。另一方面，在具体的经营中给予充分灵动。在门店经营中，百果园为各门店指出经营发展的大方向，但具体的决策权交给门店店长。店长有权决定自己管理门店的产品的定价和促销方案，以市场为导向，以销售来带动生产。

截至 2020 年 12 月，百果园门店数已超 4600 家，一体化会员数突破 7000 万人，线上线下全渠道年服务超 2 亿人次。在线下门店，范围从一二线城市扩展到三四五线区域，更构建了分商圈运营、AI+ 大数据订货等智能化经营系统。在线上商城，通过结合信息技术、大数据挖掘、用户运营等，百果园的 App、小程序、社群等业务呈现出爆发式增长。目前，App 用户数已超 1400 万人，微信小程序用户数超 3900 万人，社群粉丝数超 300 万人，自播观看 800 多万人次。

百果园从全产业链的角度搭建生态系统，与上下游产业链共生。百果园在全球布局 200 多个特约供货基地，从种植端入手，参与上游供应链建设。通过输出标准及技术支撑对上游相关环节进行重构，百果园正将越来越多的“招牌果品”孵化成品类品牌。

| 企业案例 |

无人区中坚守长期主义

从菜场出来就进百果园买水果的张奶奶怎么也想不到，这家她称为“花果山”的百果园水果小店，竟然如绿黄色门头上的那只萌猴一样，也会七十二变。辛丑牛年的春风一吹，距离深圳百果园实业（集团）股份有限公司（以下简称“百果园”）创始人、董事长余惠勇怀揣400元创业，已经过去了20年，百果园也成长为水果行业的领军企业之一。

生态战略：“两驾马车，三根支柱”

很多人问过余惠勇同一个问题：百果园怕不怕竞争？

余惠勇的回答是“不怕”，因为同样是水果连锁零售企业，还是有不一样的地方——百果园是一套大系统，是从全产业链角度搭建的生态系统。简单来说，百果园的核心商业模式就是八个字，即“两驾马车，三根支柱”。

第一驾马车：渠道品牌

百果园的一个主要发展方向，是以“百果园”品牌为核心的渠道品牌建设，用一句话概括就是“贴近社区，线上线下一体，店仓一体的水果专卖连锁品牌（或水果专卖网络）”。余惠勇认为，这是到目前为止水果零售的最佳模式，之所以认为它是最佳模式，源于百果园对它的深刻理解。

第一，多开店、社区开店的必要性。水果这个类目跟食材不一样，本质差别是水果可直接入口，消费场景特别丰富，开会下午茶可用，小孩上学可带，走亲访友伴手礼，出差旅游好伴侣……相反，食材的消费场景单一，就是回家做饭。所以，水果销售必须要贴近社区、贴近消费者，才能快速地满足多种消费场景。

第二，水果店的陈列和动销的附加价值高。百果园为什么不开生鲜店而只开水果店？开一个店面，核心的价值有三个方面：一是广告引流，这是任何店都有的。二是陈列价值，如果不想陈列给大家看，那就不用开店，搞个仓就可以了。蔬菜、大米等不会因为陈列带来更高的附加价值，但水果可以。三是动销价值，开店就意味着跟顾客直接见面，米面粮油菜蛋肉，试吃一次就够了，但是水果的每一次试吃都有话题，如不同的产地、不同的季节、不同的品种，深度社交就需要多话题，水果的话题性是最凸显的。为此，20 年前，余惠勇就瞄准了水果这个品类，只开水果店，把陈列和动销附加价值做到最高。

第三，线上线下一体，有效满足了顾客的需求。店面和线上联动，对顾客的需求做最快速的反应，除了到店选购，还可以把水果送到家、送到办公室……

有了对最佳模式的深刻认知，余惠勇就敢于把它定位为百果园的方向，并且逐步加快开店的速度。

第二驾马车：品类品牌

放眼全世界，水果有非常有名的品类品牌，比如新西兰佳沛奇异果、美国新奇士橙等，都是效益非常好的。尤其是奇异果，全世界的利润中，佳沛一家公司就占了 90%。

事实上，中国才是猕猴桃的原产地，20 世纪早期被新西兰引入。但是中国没有猕猴桃品牌，这深深地刺痛了余惠勇的心。2007 年，余惠勇到陕西周至考察，当地的绿色猕猴桃引起了他的注意，当时他就下定决心，一定要打造属于中国人自己的猕猴桃品牌。经历七八年的品种改良研究，品牌打造时机终于成熟，这款猕猴桃被命名为“猕宗”，寓意“猕猴桃祖宗”，希望能打造出属于中国人自己的、正宗猕猴桃。功夫不负有心人，13 年后，“猕宗绿果”无论是果品还是售价，已成为国内知名度最高的猕猴桃品牌之一，每逢上市期，在百果园的销量甚至超过佳沛。

而这只是百果园品类品牌的起步成绩，他的目标是要用 20 年的时间打造近 100 个品类品牌。从 2016 年确立品类品牌战略起，百果园稳扎稳打，稳步前行，除了“猕宗绿果”猕猴桃，还打造了“良枝苹果”等多个品类，规模不大，但布局都很早。目前百果园消费口碑好、利润稳定，大多都是自己打造的品类品牌产品。

一手抓渠道，一手抓品类，这两驾马车相辅相成、相互依托、相互支撑、并驾齐驱。从全世界来看，百果园是少有的能同时两手抓的水果零售企业。

第一根支柱：信息科技

百果园认为，未来的竞争一定在产业互联网领域。产业互联网的本质，在余惠勇看来是全产业链的高效协同带来的超高效率，公司内部产销协同，终极协同是全产业链的高效协同，而且竞争迟早会走向终极协同，只是时间问题。所以，百果园围绕产业互联网来做布局，现在已投入数百人在这个领域，目标是从顾客这一端一路链接到种植甚至是生产资料，让它形成一个整体的协同。

第二根支柱：金融资本

在全产业链上，任何一个环节的短缺都会影响到整体的经营效益和效率，为此，百果园要用金融去解决全产业链的资金短缺问题，用资本去解决全产业链落实环节的补强和优势产能的扩大。所以，哪里有落实环节，就把哪里补强，为的是把整个产业链做起来。

余惠勇举例说："我到深圳扶贫对口城市——广西百色考察，百色出产一种杧果叫桂七，桂七杧果非常好吃，当时我就很奇怪，这么好吃的杧果为什么我们没有卖呢？我就追问，结果采购部门跟我说不是没有卖，每年都采购，但很快就烂掉了，加上桂七杧果存储时间非常短，根本运不到深圳。我当场就决定成立桂七杧果项目组，攻克它的采后处理难关。这就是补强薄弱环节，从前期研发开始介入，一路关注到优势产能扩大。"

目前，百果园的金融介入主要是前期投资。未来，会介入不同的阶段，比如，成为百果园的供应商阶段、成为百果园的品牌阶段。无论哪个阶段，百果园都不是自己去开100个果园，而是全部用赋能的方式：一是技术赋能，你打造品牌，生产技术是我的。二是品牌策划的赋能，指导协助你做品牌策划。三是渠道赋能，你做好产品，我包销。四是资本赋能，我投资，但是我不控股。

第三根支柱：研发

水果产业的研发分成三种：第一种是技术研发，就是种植技术的研发。中国的农业生产大多有技术没有体系，百果园多年深耕建立了技术体系，用技术体系支持品类品牌的生产。迄今为止，中国类似的水果零售企业中，百果园的种植技术是领先的。第二种是采后研发，即采摘之后的保鲜等各方面的研发。第三种是零售研发，百果园门店在不断地发展，门店迭代大量应用新技术，现在市面上的主流门店是第五代店，第六代店陆续上线，第七代店的研发已经开始了。

针对百果园的生态圈模式，魏炜教授认为：首先，这是一个很有意思的模式创新，百果园能够走通，长远看，效益定然不错。其次，这个模式在行业中是全世界其他企业所没有的，这样的模式创新更有指导意义。

走进无人区，信任就是指引前进方向的那道光

2015年，美国的一家水果专业杂志采访过余惠勇：百果园

的经营模式，全世界好像很难找到第二家，为什么会诞生在中国？为什么会产生这么一个品类或者业态？

的确，2001 年，余惠勇进入水果行业，就是因为他发现全世界即使是发达国家也没有成功的水果连锁品牌，所以想做第一个吃螃蟹的人，想在水果行业干一番事业，在中国率先开创水果连锁品牌。其实，一开始，他们自己也怀疑过，国内同行也认为不会成功。一直到 2015 年 9 月 1 日，在第八届亚洲水果国际果蔬大会上，百果园赢得了“年度果蔬零售商”奖，这是中国企业首次获得该奖项。有了这个奖，百果园模式才算得到了行业的正式认可。

喜欢穿着传统太极服饰的余惠勇在回答媒体提问时说：“很重要的原因是文化，具体来说，中国的太极文化是做成百果园的核心基础。如果是完全强硬的、讲标准的阳性文化，或者完全放任的、松散的阴性文化，都难以成就百果园。恰恰是用了太极文化，既有绝对的标准又有充分的灵动，在两者之间寻求平衡，这种思维是诞生百果园的文化基础。”

莱昂纳德·科恩在歌曲《赞美诗》中有一句流传度很广的歌词：“万物皆有裂痕，那是光照进来的地方。”受此启发，百果园说：三无退货看似“荒唐”，却是信任照进来的地方。从 2009 年起，百果园建立的信任服务体系——“三无退货”(即无实物、无小票、无理由退换货）在业内又一次开了先河。因水果属于鲜活易腐物品，“三无退货”犹如走进了无人区，很难有跟随者。个中艰难，只有余惠勇和百果园团队才深知其味。

2019 年 5 月 16 日，百果园还发布了业内首份退款数据报告，并宣布对实行了 10 年的“三无退货”进行升级。升级后，顾客似乎可以更“任性”，买到手的水果口感不好可以退、吃得不开心也能退。

如此独特的“宠溺顾客”方式，会不会让百果园面临大面积退货的情况，从而将企业拖入深渊？通过百果园 2019 年发布的退款数据报告可见，10 年间，百果园门店数从 100 家增长到 3700 多家。这当中，百果园总退货订单数（含“三无退货”及其他退货）、总退货金额占比始终低于 1%，其中“三无退货”订单数、退货金额占比始终保持在 0.5% 上下浮动。通过数据，余惠勇得出的结论是：中国人是值得信任的。经营的本质其实是经营信任，其中包括两层含义。

对外经营对顾客的信任

“三无退货”政策的制定一方面是信任顾客不会随便退货，另一方面是相信自己的水果好吃。百果园选择相信顾客，选择相信“中国式信任”。

为了保障水果品质，百果园通过强管控的加盟体系进行规范管理。一路走来，百果园看得很清楚，其现有的模式是适合做加盟的，但是不能用传统的加盟方式，而是要探索出加盟模式的一条新路。为此，百果园发展的 20 年，也是探索的 20 年，可以这么讲，全世界能够说得出来的加盟模式，它都摸索了一遍，最后得出的结论是：不同的阶段适合不同的模式，但是它的内核没变，内核就是强管控的加盟体系。

所谓强管控，就是在关键性要素上，百果园是必须控制的。百果园的经营理念是做更好吃的水果，那么，战略必须要执行。为了做到好吃，产品绝对不允许加盟商在外面私采。此前，水果好不好吃，这属于人的主观感受，存在极大的差异性，也没法标准化。但百果园按照“四度一味一安全”建立全品类果标体系和果品标准分级销售体系，让好吃有了具象的标准，让顾客购买的时候明明白白。但水果是大自然的产物，没办法确保每一个果品没有瑕疵，所以结合三无退货，百果园为消费者构建了一个没有后顾之忧的消费场景。分级体系本质就是诚信体系，“三无退货”的服务理念，加盟商必须无条件执行，这又做到了对关键性要素的强管控。

对内经营对员工、对合作伙伴的信任

在百果园对员工、对合作伙伴的信任上，夏惊鸣老师举了一个例子来说明：“我的一个做智能物流的朋友，寻求跟百果园的合作，结果聊完就说合作不了，因为百果园的物流成本占比才 2 个点，低到他根本无法想象，不知道是怎么做到的。其实，这跟百果园的信任文化有关系，比如从仓库送货到门店，一般会验收，但百果园基于对司机的信任，把这个环节改了。仓储司机直接往门店送，仓库的钥匙就在司机手上，门店订多少送多少，不需要验收。没有验收环节，有问题怎么办？门店说多少就多少，门店说少了，通过系统上报核实集团认；门店说烂了，走坏货确认流程后集团认。这就是信任的成本，一下提升了整个物流的效率。从这个例子中，我们体会到，效率提升不仅仅靠技术，还靠对人的管理，对原有理性的环节重构。正应了余董（余惠勇）讲的一句话，机制作为管理，这也是一个机制。”

百果园对员工、对合作伙伴的信任，还体现在“义在前，利在后”的企业文化上。这个“义”怎么理解？“义”在企业管理中，很容易被解读为“江湖义气”。而百果园对“义”的解释，核心是信任，这个“义”更多指的是中国传统文化“仁义礼智信”中的“仁义、大义”，讲的是原则和授权、刚性和灵活的统一。

理解了“义在前，利在后”这个原则，就理解了为什么百果园在业务上敢于多年持续投入，亏损也坚持；就理解了为什么不会特别多地去关注利润，而是重在把事干成；就理解了为什么能在水果“三无退货”无人区中孤独前行 10 多年。人心都是肉长的，以信任换取信任。多年信任的累积，使百果园不但聚集了一大批有风格、有理想、有能力的人，还让这些能人达成了共识，形成了共鸣，做到了一致，产生了惊人的协同力量。比如新冠肺炎疫情之初，购买口罩、手套、消毒液等防疫物资，用“抢”来形容毫不夸张，为什么百果园的门店能在第一时间购买到？那是因为公司很快就做出了决策，决策后的快速行动，就是“义”的体现。首先不考虑这个钱到底是加盟商出还是百果园出，大家都不考虑，而是毫不犹豫地先执行决策，把该做的事都先做了。有了这样的共识和行动力，即使不看数据报表，也能感觉到全国 4700 多家百果园门店在同频共振。

魏炜教授听完，不禁感慨道：“中国企业走到今天，我跟很多比较有名的企业打过交道，它们第一个问的问题是全世界有没有在这方面做得更好的。我经常讲，现在中国企业真的要讲创新的话，不应该看有谁已经在这么做了，有谁没在这么做，而是要把‘我能不能把这个事情做好’的意识植入到更多中国企业家的管理思维中。只有这样，再过 10 年或者 20 年，中国管理模式才有可能做出很多跟西方企业不一样的东西。”

坚守长期主义的典范

百果园能走到今天，源于余惠勇和其团队对长期主义价值观的践行与坚守，主要表现在四个方面。

战略方向坚定，实现方式灵活

长期主义的第一个表现是战略方向坚定。战略方向就是业务选择、主战场选择。百果园从成立那天起，战略方向就非常清晰：要在水果行业精耕细作，力争第一。然后，根据战略方向，想清楚战略逻辑，形成了“两驾马车，三根支柱”的生态圈架构，把怎么实现战略目标想得清清楚楚、明明白白。接下来就是战略行动了，用关键的举措去落地，去实现战略目标。

互联网公司讲究快速上线、快速迭代，但前提是先得看清楚、想清楚。对此，百果园常务副总裁焦岳深有体会，他经常会在晚上 12 点多接到董事长的电话，聊上半个小时的业务细节。

类似的业务细节讨论在百果园非常普遍，团队会围绕战略经营系统的搭建，花很多时间进行思考、讨论，决策是否要去做。一旦决定去做，百果园就一定会集中资源“攻山头”，朝着目标做到更好，做到最好。

方向要坚定，方式可灵活。太极阴阳思维在百果园文化体系中根深蒂固，贯穿于整体，体现在经营管理上，是追求两极之间的阴阳平衡，就是在极端标准和极端灵动之间寻求一个统一。比如，麦当劳没有灵动，所有的管理都是标准化的，是极阳的。而百果园是阴阳协调的：对产品服务、经营理念、经营战略等关键性要素进行强管控；对具体的经营则充分灵动，只给予方向、培训和指导，只提炼归纳方法供选择；对人的管理则是半管控，既不是完全放也不是完全管死，最核心的就是对人提出标准，加盟商自己当店长是首选，也可以请一个店长，但不管是自己当还是请人当店长，必须要经过考核，要持证上岗。

这样的阴阳协调、刚柔并济，使得百果园在成长的道路上，既目标清晰、动力十足，又方式灵活、活力四射。

对此，魏炜教授点评道：“以前我们讲中国阴阳太极思维更适合未来的世界，以应对不确定性等，但感觉很难去实现，很难去把握，很难落到具体的事情上。余董（余惠勇）比较好地阐释了阴阳思维的应用，对已经能够标准化、科学化计量的风险，能做测度的事情，把它识别出来，然后通过数字化的手段超级集权，像高压线一样，必须按照要求去做，这是阳的一面。美国公司在阳的一面做到了极致，百果园在这方面也是下了很大的功夫。但是另外一方面，百果园又能很好地识别什么是阴的一方面，注重灵活性，能够给大家放权去做，比方说做到‘义为先’，需要企业管理模式有很大灵活度，要把握好是有超高难度的，但是百果园也能做得很好。把阴阳思维运用到企业决策、系统建设的方方面面，在用数字化系统的时候，能把中国文化、中国管理以及对中国模式的理解都内化到系统中，把阴阳通过数字化系统实现。这是我第一次听到这样的例子，我觉得这一点非常有特点、非常重要。”

前瞻布局，始终创新

长期主义的第二个表现是布局，就是以未来看现在，紧紧围绕长期主义思维做布局。表现在经营上，就是业务组合、核心竞争力和组织能力建设。

百果园从 2018 年开始布局线上购买生鲜食材，当时预想这可能是一个渐变的过程，因为整个生鲜食材不同的子类目品种里还有非常大的开发空间。但新冠肺炎疫情极大地加速了消费者使用 App、小程序等线上购买食材的消费方式。

创新永不止步。近几年，连锁化带来了商品标准化、规模化的需求，又激发了上游的改革，引发了生鲜食材行业的模式创新。面对顾客的线上一站式购买生鲜食材需求，百果园从自身寻找产业链上游可以被改革的机会。未来，本案例开头的张奶奶在百果园小店就能一站购齐一天的生鲜食材，遇上风雪雷电等不想出门的天气，网上下单就有人把一天的生鲜食材送上门。

产品经营上的专业主义

培养一个品类品牌，可能要亏损很多年，但百果园在产品的研发上，有“死磕到底”的工匠精神，即便连年亏损，也要把品类做出来。比如猕猴桃，实际上亏了七年；白杏，非常好吃，但是摘下来过两天就烂了，对它进行采后处理的技术攻关，也是亏了五六年。

在农业生产上，很多人会陷入一个误区，以为高科技农业就是搞一大堆科技设施设备，最后生产出来的东西很贵。实际上，那不叫高科技。真正的科学是让东西成本低，品质还好。因此，百果园追求并建立的技术体系特点就是“三高一低”——高品质、高营养、高产量、低成本。这也是余惠勇认为的高科技农业唯一的衡量标准，即能不能用更低的成本生产出更好的东西。

为此，百果园引进了日本 BLOF 精准有机农业理论和技术体系，这套体系包括：①独特的土壤改良方式。按中国传统的改良方式，改良一块板结的土地基本上要用到 5～10 年，而百果园用新理论指导的独特改良技术，见效快。②测土配方。原先，测土非常麻烦，成本很高，周期很长；现在，用一个非常简易的测土方法，一个小时能出结果，而且是非常完整的数据，包含对营养起关键作用的微量元素数据。③一套大数据系统。根据土壤情况和测土情况，自动生成配方，科学施肥，成本低而且健康。百果园做有机蔬菜，用的就是这套 BLOF 体系，目标就是做“001”：0 化学合成肥料，0 化学农药，1 有菜味，也就是口感还要好。

把企业文化、社会责任落在行为上

近几年，水果生鲜行业的整个市场变化其实是挺大的，但百果园的根本经营思路没有太大的变化，以不变应万变，坚定地践行企业价值观。

百果园面临的一个很大的挑战就是新冠肺炎疫情，以线下为主、线上为辅的经营模式，在疫情来临的时候，就面临着一些选择。这种选择不单单是赚还是赔的利益选择，还是能否坚持价值观的选择，能否勇敢承担社会责任的选择。

庆幸的是，百果园经受住了这次考验。一是团队反应敏捷，武汉宣布“封城”之前，已经成立了应急项目组，并做出了决定，购买了价值近300万元的口罩和消毒液等防疫物资，应对疫情；二是勇敢承担社会责任，决定坚持营业，要求加盟店春节不打烊、疫情期间不打烊，并实行了价格控制，不允许涨价，同时，给所有的加盟店提供了补贴。针对市民在疫情期间急剧增加的买菜需求，百果园成立了“百日攻坚战”小组，短时间内把整个运营体系搭建起来，提出了“为国卖菜、为国分忧”的倡议。4000多家门店纷纷响应，切实执行，对门店所在地的抗疫工作起到了很重要的支撑作用，得到了市民的认可和赞赏，受到了社会的好评。

可以说，百果园总是选择最难的那条路，在无人区中坚持长期主义，尽管过程有许多的艰难和曲折，但坚持就是胜利的法宝，坚持的结果就是形成强大的产业竞争力和壁垒，只要百果园仍然坚持“认真、做透”，未来一定是一个更优秀的企业，一定会有我们想象不到的故事！

| 专家洞察 |

百果园的长期主义与价值共生

百果园是一家在长期主义和价值共生两方面都做得很好的公司。

首先，它的持续模式、创新能力很强。一开始是在全世界把水果这个品类的连锁模式做成了；然后在中国农业这个特定环境和发展阶段，把水果产业链模式打造了出来；持续地投入资源并足够耐心地把可商业化的好吃的水果种子一个一个研究了出来；采用数字科技成功改造了连锁模式；用产业互联网的模式建立了一个今后可以赋能农业产业的平台。每一个商业模式的创新都是一次有无数挑战的重构。更难能可贵的是这些已经成功实践的商业模式都曾是市场上没有先例的，百果园等企业都是开创者。

其次，百果园一直在努力把中国的太极思维落实到企业管理的方方面面。例如对于能够标准化、专业化的事情都尽量规则化，对于无法衡量、要靠经验的事情则依赖价值观和经验决策，同时又能根据环境、内部条件和利益相关方的变化，动态调整规则且能把变化尽量累积到数字化系统中，表现出了可刚可柔、既刚又柔、刚柔相济的阴阳太极思维和管理架构，具有鲜明的中国管理模式特点。

再次，百果园在人的培养、创新管理、合作伙伴赋能方面非常有定力，长期大幅度将盈利投入到这三个方面，即使浪费很多、走了很多弯路也在所不惜。这也是当下非常值得其他企业学习的。

最后，百果园特别强调社会责任，在新冠肺炎疫情期间也得到了非常充分的体现。作为奉行长期主义 价值共生理念的企业，百果园能够一直践行自己的理念，这一点也是非常难能可贵的。

中国管理模式百果园调研组：

/ 魏　炜　北京大学汇丰商学院教授
/ 夏惊鸣　华夏基石咨询集团业务副总裁
/ 钟　皓　中国管理模式 50 人 + 论坛秘书处研究员
/ 丁威旭　中国管理模式 50 人 + 论坛秘书处研究员
/ 李欣君　中国管理模式 50 人 + 论坛秘书处工作人员

第七章

易事特模式与未来展望

| 企业速写 |

时代风口下的“能效管理专家”

电源行业沉浮三十余载，易事特集团股份有限公司（以下简称“易事特”）身处奔涌的时代浪潮，如何破浪前行？

成立初期，易事特主要从事通信电源生产，从一开始为其他品牌代工，到后来搭建自有团队，逐步掌握电力电子核心技术，形成了独具特色的研发体系，研发出 UPS（uninterruptible power supply，不间断电源）、EPS（emergency power supply，应急电源）、集中电源、智能机房集成系统等系列电源产品。

2008 年，在传统电源产品稳定发展的基础上，易事特持续加大在新能源、智慧城市、电力物联网、一体化解决方案等领域的开拓和布局。

2010 年，易事特将业务从最初基于电源技术做光伏逆变器，逐步拓展到生产分布式发电装置，完美整合光伏组件、逆变器、配电管理等。

2012 年，易事特进一步将业务升级为智能微电网系统，打通分布式发电、储能、保护、能源管理及战略系统，进一步提供更高效和灵活的一体化解决方案。

随着智慧经济时代到来，新能源产业的重要性进一步凸显，成为“新基建”中不可或缺的组成部分。易事特围绕国家“新基建”战略部署，为全球用户提供 5G 供电系统、5G 边缘计算、充换电系统和轨道交通智能供电系统等一系列智能产品。截至 2019 年，易事特新能源汽车充电设施、设备等相关业务已占业务总量的 45%，销售收入达 14 055.29 万元。

易事特产品及解决方案也先后应用于神舟系列飞船发射基地、青藏铁路、美国首条无人驾驶地铁、北京 S1 线、大兴国际机场等重大工程项目供电系统，腾讯、百度、阿里巴巴、IBM、中国移动、中国电信、中国联通、中国铁塔、工商银行、建设银行、农业银行、中国银行等数据中心，以及 G20 峰会、港珠澳大桥、国内外一线品牌新能源车充电桩站网络建设等。

在管理模式上，易事特借鉴华为，将研发调整为模块、产品及解决方案三个体系，将事业部分成设计、方案和交付三个模块，推行模块化管理，打通各业务线之间的楚河汉界，实现客户关系、产品与解决方案、交付与服务等多部门的一体化组织管理和流程体系，从而提高整体效率。

除了优质多样的产品和高效的管理体系，如何充分发挥优秀人才的最大价值，也是企业管理者需要思考的一大问题。易事特一方面通过员工持股计划、限制性股票激励方案等，持续加大股权激励的覆盖范围和激励力度，充分调动员工的积极性，实现员工与公司共生共享；另一方面，通过引进、招收和培养三结合的方式，引进和招收了大量优秀人才，并与各大高校强强联合，为企业长远发展培养后备力量。

多年以来，易事特始终紧随时代浪潮，围绕实现更高客户价值，不断加强技术创新与管理变革，持续提升核心竞争力，朝着“百年企业，百年品牌”的愿景奋力前行。

| 企业案例 |

插上科研的翅膀

2020年11月25日，胡润研究院发布了《2020胡润中国500强民营企业》，易事特位列排行榜第433位。与2019年相比，中国民营企业500强的上榜门槛提高至230亿元，增幅达64%。易事特作为全球数字产业与智慧能源综合解决方案提供商，其上榜是30余年不断进取的“瓜熟蒂落”，更是2018年开始科研革命的“下自成蹊”。

春寒料峭，危机重重

2018年是易事特的多事之秋：营收较上年下降36.43%，利润较上年下降31.43%；企业内部连续两次股权激励不成功，许多员工对企业失去信心，纷纷离职；小黄狗、萍乡投资相继遇雷；持续近一年的证监会违规调查落停，面临巨额罚单，经营现金流一度出现5.57亿元的亏空，外界质疑声四起，股价从2017年16.39元/股的高点一路下滑，最多时下跌近70%……

2019年1月，易事特官网发布《2018易事特十大事件》，段首语极大程度上表达了当时易事特人最真实的感受和期许：

“过去的一年，是漫长的，是辛苦的，也是值得被铭记的。即将迎来的2019，愿诸事顺遂、春暖花开。”

科研引领，重新出发

危机是危险，也是机会。2018年的易事特无疑是危险的。但董事长何思模先生，这个出生于安徽安庆农村，幼时家境贫寒，经常食不果腹，靠拾牛粪、摘桑叶赚取学费，16岁入伍参军进军校，年轻时为创业艰苦奋斗的中年汉子，没有向命运低头。面对纷乱的局面，他大刀阔斧，首先从内部求变：让“创二代”何佳和创业元老们走到台前，并真心诚意以共创事业美好未来的目标聘请华为前高级副总裁陈硕出任易事特集团总裁，主抓研发创新，领导开展科研技术革命。可以说，这两项人事变动直接促成了易事特变危为机，奠定了其走向成功的坚定基石。

组织变革，以客户为中心

1989年，何思模先生向几个朋友借款凑齐3000元钱，承包了扬州的一个电源企业。创立初期，首个订单金额只有860元，员工工资的正常发放都成问题，为此他捡过垃圾、卖过塑料瓶。彼时，生存是第一位的，论及“以客户为中心”多少有些名大于实。

2018年易事特出现危机时，何思模先生已经历良多。作为连续数年登上《福布斯》富豪榜的前东莞首富，他清楚人生起起伏伏是常态，打造易事特核心竞争力才是关键，而这关键的重点则是研发。这既是他多年来在持续研发投入、与高校产学研合作中积累的经验，也是在危机中的理性思考。于是，一个由何思模拍板、陈硕操刀执行的易事特科研体系以客户为中心的变革方案应运而生。该方案重点突出了企业战略和业务发展对研发的绝对牵引，强调产品和技术首先要服务于市场，并更好地响应市场需求；强调产品经理在研发中的重要作用，并加大产品经理队伍建设，进而整合易事特的内外资源，实现最大化价值。

内举外引，打造人才高地

易事特坐落于被称为“东莞硅谷”的松山湖，从一家电源制造企业成长为业务涵盖 UPS、EPS、通信电源、光伏发电系统、智能微电网等产品研发、制造、销售和服务的高新技术企业，实现了上市和持续高速发展。同时，易事特还与国内著名企业华为、大疆、大族激光等比邻而居，这也意味着易事特面临巨大的人才延揽留存压力。

易事特自 2014 年落户松山湖后，招聘和留存优秀员工的压力就如影随形且不断加剧。2018 年前后，因易事特经营与管理上的内外交困，“易事特红旗能扛多久”成为半公开的话题，组织凝聚力急剧下降，很多人都在观望，员工简历“悄然”递出，甚至直接挂在招聘网站上……人员流失达到小高峰，甚至企业重点培养的一些核心技术员工也相继离去。

稳定人才并留住人才成了董事长何佳和总裁陈硕的头等大事。面对当时情况，集团管理层通过全面分析，制定出“内举外引，打造人才高地”的人才战略，内部提拔重用一批中青年技术骨干，引进一批国内外一流的专家学者，并取得了丰硕成果。

基于电力电子新能源技术，易事特规划了“分布式发电—智能微电网—智能配电网—智能电网—能源互联网”的战略性技术路线，并基于此路线积极引进国际领军人才，通过组建专家创新团队，培育并打造易事特盈利增长点和发展新产业：引进国际新能源领域领军人物、加拿大工程院士张榴晨，组建了智能微电网技术研发与产业化国际创新团队；引进国内工业配电网行业著名专家游大海教授，组建了新配电网创新团队；引进国内工业节能电机行业著名专家、国家发明奖、中国专利金奖得主王雪帆教授，组建了新型工业节能电机及控制系统创新团队；引进著名铁道电气化和自动化专家、中国工程院院士钱清泉教授，组建了轨道交通一体化电源创新团队等，快速建立起智能微电网、新能源、工业节能三大方向的创新团队和三大盈利增长点。

易事特通过领军人才的引入、培养，整合下属各事业部技术人才，智能微电网技术研发与产业化、新配电网技术研发与产业化都进入了高速发展的快车道，积累了一批微电网关键核心技术，实现了针对发电侧、电网侧、用户侧等不同侧端特点的系统解决方案。

在内举外引的同时，易事特进一步加强了与浙江大学、华中科技大学、上海交通大学、西安交通大学等多所高校的产学研合作，发挥学校和企业各自的优势，共同培养社会与市场需要的科技人才，实现高精尖生产力补足、资源互用以及利益共享。

如今，伴随国家能源局、电监局、地方政府、电网公司对智能微电网、储能电站工程项目规划投资建设工作的积极引导，军民融合、精准扶贫工作的不断深入呈现出来的刚性市场需求，海外新能源技术市场的有序拓展，以及能源互联网时代的到来，易事特已开始收获科研革命的成果。

优化薪酬，激发员工奋斗

对内公平性和对外竞争性是薪酬设计的核心要素。随着松山湖日益繁荣，易事特薪酬的外部竞争力开始降低，营收利润减少，导致奖金降低，加上 2018 年的多事之秋，严重影响了员工的心理预期。管理层意识到解决薪酬问题对提升企业竞争力的重要性，经过调查研究和系列筹谋，制定了“优化薪酬，激发奋斗”的调整策略。

在具体操作上，包括为研发核心岗位人员和骨干人员提供不低于外部水平的薪酬，并设计了长期、短期双杠杆的激励策略；设立奖项，重奖为企业做出突出贡献的人员及发明创造人员等。系列举措取得了明显效果，员工看到了易事特再度辉煌的曙光，看到了助力企业成功实现个人价值的希望。军心既稳，各项工作重新步入正轨，且表现出良好的上升势头。

2021 年 1 月，易事特召开了技术创新和专利表彰奖励大会，大家欣喜地看到易事特不仅实现了业绩增长，还在技术创造发明上取得斐然成就：“截至目前，集团累计获得数百项专利和 100 余项软件著作权，掌握了 70 多项核心技术，研发国家重点新产品 16 项，参与起草制定国家、行业标准 24 项，获评国家知识产权示范企业、中国专利优秀奖、广东省知识产权示范企业、广东省专利优秀奖、东莞市专利金奖以及多项省级 / 市级科技进步奖等荣誉称号，连续多年入围中国企业专利500强榜单……”

砥砺前行，蔚然成势

2018年，对易事特来说是艰难的一年，对民营企业来说，也是艰苦的一年：前有“民营经济要退出市场、民营企业要让职工参与企业管理”等论调甚嚣尘上，后有美国特朗普政府挥动关税大棒……在这种局势下，易事特要重新上路毫无疑问是艰难的。

艰难转变

易事特明确了发展方向，通过人才队伍打造、薪酬改革等机制稳定军心之后，还面临着科研选题这一关乎企业短期利益和未来发展的大事。管理团队经过周密研究和反复论证，优选出5G供电、锂电池及应用、第三代半导体应用等一批在今日业绩中发挥中流砥柱作用的科研课题。

选题完成后，如何做好项目管理成为关键。易事特创立30余年，积累了诸多项目管理经验，但以客户为中心进行项目管理，还有许多工作得从头开始。俗话说：“世界上有两件事最难，一是把自己的思想装进别人的脑袋里；二是把别人的钱装进自己的口袋里。”要将“以客户为中心”的理念植入研发和项目相关人员心中，且具体落实到工作中，变成真正的生产力，其难度可想而知。易事特管理层深知难度，通过大小会议反复强调，结合工作实际讲解演绎，提出“做对的事情，把事情做对”，让大家深刻了解什么是“以客户为中心”，同时紧密配合公司战略方向及市场需求，灵活整合资源，抓住大行业客户，做到以项目开拓市场、以项目引导客户、以项目锻炼队伍。

改革必然会有代价，易事特也经历了不少挫折。例如有一个项目，大家坚持“以客户为中心”，做了充分的调研，夜以继日抢抓工期，但项目进度逾半时，发现与实际需求存在较大偏差。继续做，则越跑越偏；转变方向，则前期投入付之东流。最终，项目被迫终止。

“这并非个案。有的项目系统方案考虑不周全，改动较大，造成进度缓慢而延期，或者产品设计考虑不周到，环境适应性差而产生批量故障”，看到这些问题时，何思模先生表示非常心疼，但不是心疼财务损失，而是心疼奋斗在一线的研发工程师和项目经理们。他带领管理层一起为大家加油鼓气：“这正说明我们以前工作的不足，错误只是放大了我们的问题，也说明我们现在的路是对的！”领导的关怀让大家屡次重拾信心，不断投入紧张的项目实践中。

如今，“以客户为中心、以市场为导向、以奋斗者为本”已成为易事特的文化标签，也是每个易事特人引以为傲的文化，但回想推行之初，很多人都感慨良多：“从一个不关注客户需求，只管实现功能的工程师到真正做到以客户为中心、从客户的需求出发的管理人员，其中的酸甜苦辣，堪比凤凰涅槃。”

随着“以客户为中心”理念的深入人心、相应组织的建立及规章制度的完善，易事特“从客户需求出发，与用户密切交流，打造用户真正需要的好的产品”成为必然发展路径。随着新产品的陆续面市和好评如潮，易事特品牌被越来越多的客户及更多资本市场认可，这场始于研发端的科研革命也收获了丰硕的成果。

创新求变

早在 2015 年接受《中国经济时报》采访时，何思模先生就指出，“自主创新是制造业转型升级的唯一出路”。随着研发革命的深入，如何持续创新落地“以客户为中心，以市场为导向”是研发人员面临的另一个挑战。

以前的研发、制造和销售都是自成体系的，如何有效打通研发端、制造端和销售端，真正实现“力出一孔”？管理层通过周密推演，最后确定了从组织和利益两个角度完成系统打造。首先是采用秉承 IBM 集成产品开发思想的研发组织模式，有效实现销售、制造、研发等闭环，形成了一体化组织单元；其次是“利出一孔”，目标一致、利益一致，一荣俱荣、一损俱损。

随着组织结构的调整，“以客户为中心”研发体系的不断完善，销售端、研发端、制造端的打通，易事特形成了统一的认识并做到“力出一孔、利出一孔”，在 5G 供电、光储充系统、充换电系统等市场领域不断突破，获得核心客户认可，创造出良好业绩。

在完成组织和机制创新后，易事特将重点放在了产品创新上。5G、工业互联网和智能制造既是国家鼓励的产业发展方向，也是下一个资本关注的风口。紧抓时代机遇是易事特快速发展的基础。易事特从产业要求、技术要求和标准要求等多方面深入研讨，结合电力、电源等方面的优势，重点打造满足“降低运营成本，提升供电系统整体效能和可靠性”的产品特性，全面切入5G、工业互联网和智能制造等新航道。

众所周知，5G 所具有的高速率、广覆盖、低时延特性，为经济社会各行各业数字化、智能化转型提供了技术前提和基础平台，同时也是我国在通信领域走向世界的标志。美国对华为、中兴等中国企业的打压，则从侧面反映了我们的进步。

工业互联网是工业体系和互联网体系深度融合的产物，将有力支撑我国“制造强国”建设，成为经济社会数字化转型的重要驱动力量。随着“新基建”、国务院相关政府工作报告加持及各企业纷纷加入，我国工业互联网正驶入创新发展快车道。

智能制造是易事特的另一个发力点。早在 2014 年，易事特就开始了对智能制造的探索，自主研发生产的全数字 500kW 光伏并网逆变器还荣膺“SNEC（2014）光伏展十大亮点评奖”吉瓦级金奖。2018 年，易事特选定数据中心等作为智能制造的突破口，智能制造的核心要素是数据，实现数据实时高效传输是辅助制造业数字化、智能化、网络化发展的重要助力。数据中心作为制造企业推进信息化和智能化的核心载体，涉及大量生产设备、信息系统、自动化生产线和海量数据，是智能制造必不可少的关键基础设施。目前，易事特数据中心、UPS 等优势产品及解决方案已经在京东方、亿纬锂能、陕汽集团、信义玻璃、中国玻璃控股、广汽菲克长沙工厂等龙头企业广泛部署，辛勤付出得到了丰硕回报。

以碳化硅（SiC）、氮化镓（GaN）材料为代表的第三代半导体技术，具有高热导率、高击穿场强、高饱和电子漂移速率和高键合能等优点，可以满足现代电子技术对高温、高功率、高压、高频以及高辐射等恶劣条件的新要求，相比硅（Si）基半导体可以降低 50% 以上的能量损失，可以使装备体积减小 75% 以上。大力发展第三代半导体技术，已经写入了“十四五”的规划当中，拥有高度的优先权，也是我国应对美国芯片技术封锁的出路之一。易事特积极跟踪国际前沿技术发展动态，投身于第三代半导体技术引领的全球高频电能变换与控制技术革命，全方位参与和推动国家南方半导体基地的建设与发展工作，培育与发展易事特颠覆性产业技术。易事特在广东省重点领域研发计划项目的碳化硅晶片、功率器件和高频电能变换关键技术研发及产业化项目中，作为承担及参与单位核心负责碳化硅在电力电子系统中的关键共性技术研发与应用工作，为半导体产业的国产替代提供强有力的技术支撑，为后续形成设计、制造、封装和配套等完整的产业链打好坚实基础。

创新求变是易事特实践“以客户为中心，以市场为导向”的必然选择。经过不懈努力，公司新产品荣获广东省科学技术进步奖 2 项、东莞市科学技术进步奖 4 项、广东省重点新产品认定 4 项、东莞市科技成果鉴定 8 项等。2019 年易事特新产品销售额占总销售的 15% 以上，电站型光伏逆变器、三进三出塔式机

UPS 等新产品相继投产，并迅速得到市场的认可。

蔚然成势

一分耕耘，一分收获。在持续加大人才投入及技术投入后，易事特迸发出了强大的力量，先后在 5G+ 智慧电源、大数据、智慧能源等多个领域取得了突破，并表现出极强的竞争力。

在产品取得市场高度认可的同时，易事特持续加强内部技术平台建设，秉持“开发一代、预研一代、探索一代”的理念，不断挖深企业的技术及产品护城河，并基于国家政策及企业战略，在下列领域持续发力：第三代半导体应用研究；锂电安全应用、生命周期管理研究；数据中心能效评估、智能控制、热管理研究；大功率中压系统研究；氢电混合系统能量管理、系统控制研究；智能电网综合能源管理研究等。

如今，易事特人员稳定性明显提升，员工精神饱满已经成为一道风景；研发、制造、销售各职能体系密切合作，不断实现新的突破，合力创造企业的美好未来。

多头发力，插翅腾飞

研发革命让易事特重新找到了自己的价值增长点。随着产品不断得到客户认可，各方面工作重新迈入正轨，品牌、营销、管理及人才队伍建设都日新月异，国有企业混合所有制改革更为易事特注入了发展新动能。

品牌铸魂

“百年企业，百年品牌”是易事特的企业愿景，也是易事特品牌建设的指导方针。易事特作为中国本土电源行业的老品牌，始终专注于产品技术质量和客户服务品质，竭诚为客户提供优质产品与一流服务，获得广大客户一致好评，形成良好口碑，反哺提升易事特品牌价值。

易事特先后取得了国家火炬计划重点高新技术企业、国家认定企业技术中心、国家技术创新示范企业、国家知识产权示范企业、广东省著名商标、广东省名牌产品、广东省创新型企业、广东省政府质量奖、广东省出口名牌企业、全国五一劳动奖状、广东省出口名牌企业、充电设施质量信得过制造商、绿色工厂、中国企业信用 500 强、全球新能源企业 500 强、广东省制造业 500 强、中国储能产业最佳光储充一体化解决方案奖、广东创新 TOP100 榜等多项荣誉，逐步铸就了易事特在电源和新能源行业的品牌知名度和美誉度。

品牌现已成为易事特稳定发展的强大推力，持续加强品牌建设，塑造良好的品牌形象，进一步发挥品牌效应，利用品牌优势将易事特做大做强也成了易事特人的不二选择。

人才铸基

2018 年，何思模先生卸任易事特集团董事长兼总经理，发表《致全体股东、同事、家人的一封信》，感人至深。如今读来，仍让人感怀颇多。何思模先生在信中说：

“我出身安徽农村，16岁参军入伍，不久父亲突然离世，等我回家探亲时，父亲的坟头已是青草凄凄，子欲养而亲不待的伤痛，成为我这一生的遗憾。我于1989年以3000元在扬州创业，在最艰难的时候，为了省钱，我爬过运煤炭的火车，捡过破烂。经过不懈努力与奋斗，我和我的团队迈过重重难关，使企业发展走上正轨……我出身贫寒，习惯了勤俭朴素，对金钱没有任何占有欲望，唯一的乐趣和兴奋点就是倾力发展易事特事业，我要用毕生的激情来栽培易事特这棵基业长青树。年少时的军旅经历和求学期间如慈父般的恩师的谆谆教诲让我受益终生。29年来，除出差在外，我每天早上七点半准时来到公司，平均每天要参加五六场来访客户莅临指导交流座谈会；每年只给自己在春节放假一周，也仍然是在国内、国际各地拜访客户；我至今没买过豪宅豪车，29年来都是住公司公寓，出行只坐经济舱；我不抽烟不喝酒，从来不进出娱乐场所。我还兼任易事特大学校长，每周为全体管理人员授课两个小时。上述生活习惯和工作安排29年来风雨不改，雷打不动……公司上市快5年了，我没减持一股股票，没有一点点损公肥私行为，包括当年在合资公司当总裁期间也是如此，20多年来用我个人的工资奖金和分红以易事特的名义捐资助学、帮贫助困，帮助了1.15万名贫困学生顺利完成学业，将社会公益慈善当作毕生事业来做……此生未竟之梦想唯剩传道授业、教书育人，若人生有重来可能，我愿职守三尺讲台，为国家培育更多优秀人才、后起栋梁。实业兴邦、科技兴国的毕生夙愿，若能重新选择，必止于从商创业，而兴于桃李天下！”

易事特经过科研革命的洗礼，如今科技人才队伍建设已呈星火燎原之势，在国际著名轨道交通电气专家钱清泉院士、新能源专家张榴晨院士、军事通信技术领域泰斗孙玉院士的引领下，组建了逾千人的科研团队，组建起行业首个国家级企业技术中心、院士专家工作站、博士后科研工作站等六大高端科研平台。集团技术人员占全体员工的 30% 以上，专职研发人员占公司员工总数的 18%，其中本科以上学历占 80% 以上。

易事特在秉持引进、招收、培养三结合这一人才建设之道的同时，还致力于筑巢引凤。早在 2018 年，易事特就斥资 5 亿元人民币建设研究院。研究院落成后，拟用于研发试验中心、商务中心、云计算大数据中心、新能源车及充电、智慧城市等新兴产业技术基地，为集团院士、专家、博士（后）、核心骨干等数千名高端技术人才提供先进、现代化的研发试验基地，为引进和培养创新型人才及促进易事特高质量健康发展提供动力和保证。

易事特还在清华大学、浙江大学、华中科技大学、华南理工大学、合肥工业大学、南京航空航天大学、西南交通大学、中南大学、西南交通大学、扬州大学、暨南大学等国内 20 多所高校设立“易事特电力电子奖（助）学金”，已累计资助 1 万多名学生，为企业长青发展埋下了种子。

营销铸器

易事特网站上有一篇标题为《从 350 元到数亿元！——记易事特集团营销精英王可岗》的文章，记录了王可岗从一个销售菜鸟到年销售额数亿的业务达人的蜕变史。王可岗如今已是易事特智能化系统集成有限公司（西安）总经理，其占股比例甚至超过了易事特集团。对他来说，是易事特成就了他；对易事特来说，像王可岗这样的一批营销精英也在成就着企业，结成了利益共同体和命运共同体。易事特这种营销模式深谙管理精髓，只要选对人或者采取有效的竞争淘汰机制，就会进一步强化易事特的市场竞争力。

易事特每年例行的全球营销大会则是一个难得的营销课堂：全方位企业经营理念思路展示、立体的产品性能及应用场景推介、各路英豪经验交流……无疑是一场为营销精英量身打造的饕餮大餐。

历经多年磨砺，易事特建立了完善的营销服务体系和高素质的销售服务队伍。公司以东莞松山湖总部为中心，全球设立 270 多个客户中心和营销服务网点，可根据实际情况灵活配置和调整对应的售前售后服务团队，有效保证及时响应客户的需求。专业的营销队伍、严格的技术培训、充足的维修配件、密集的服务网点以及系统的管理措施，亦是易事特提升产品销量、品牌价值以及顾客满意度和忠诚度的坚实保障。

易事特还以展会、论坛、新媒体为窗口，用“互联网 + 品牌”的新模式，紧密围绕三大战略产业进行全方位的品牌推广和市场宣传，进一步助推具有航天品质的口碑产品销往 100 多个国家和地区。

与重点客户保持长期合作是易事特营销的另一特点。易事特凭借过硬的产品质量、系统化的解决方案、良好的售后服务及企业形象，在金融、通信、电力等领域持续开拓并积累了重点客户资源。通过与重点客户建立并维持良好的合作关系，易事特产品在最严苛的条件下仍具有极高的稳定性和效能输出，并进一步提升了易事特的知名度。政府机关以及中国农业银行、中国工商银行、中国移动、中国电信、中国联通、中国铁塔、中国广电、中国石油、中国石化、国家电网、南方电网等重点行业客户都拟选择或选择了易事特的系列产品。

为适应新形势，顺应新常态，易事特还实施“多打粮者多分粮”的利益分享激励机制，开启全员营销模式，全方位地为现有客户源做好服务。公司积极培养员工“做企业的主人，人人都是经营者”的意识，营造全员营销氛围，形成常态化营销激励机制，并以集团总部为核心，积极建立易事特与客户、客户中心、供应商、合作伙伴、员工、投资人的共生模式，打造共生型组织，大家互为主体，资源共通、价值共创、利润共享。

另外，易事特作为中国通信标准化协会（CCSA)、通信电源与通信局站工作环境技术工作委员会（TC4）成员单位，凭借长期的技术积累，参与起草了多项行业、地方、军工标准，不仅在产品标准的理解上领先竞争对手，也有助于理解客户需求，为客户提供更为优质的服务。

混改添翼

近年来，国有企业混合所有制改革、国资入股成为提高整个社会的生产力发展水平的重要途径，备受关注。

股权转让，对易事特并非新鲜事。2006年，施耐德收购易事特前身60%的股份；2009年，全球经济危机，何思模回购施耐德所持股份，成立易事特集团，从一家原始设计制造商（ODM）、原始设备生产商（OEM）变成了如今拥有自主品牌的高科技企业。

2020年9月，广东唯一的省级国有资本运营平台广东恒健投资控股有限公司携手三级国资收购易事特18%的股权，易事特股价半个月翻了近一倍，投资市场一致看好，无疑是双赢的操作。

关于本次收购，官方表示"省区市三级国资平台共同对易事特进行纾困帮助……化解了股东股票质押的风险，剥离长期应收款，优化该上市公司的资产结构"。何思模先生在接受记者采访时说道："恒健控股入股后，大幅降低了企业的负债率和融资成本，还将有助于企业吸引高端人才加盟。"

本次恒健国资入股后，仍保留易事特市场化运作机制和现有管理团队，只派出董事及财务与风控人员，致力于实现真正的双赢。在2021年易事特全球营销大会上，广东恒健资方代表、易事特常务副总裁鄢银科在"国资赋能、破浪前行"的主题演讲中谈到，"国资将从财务赋能、业务赋能、战略赋能、管理赋能、治理赋能等多方面为易事特的业务拓展、管理效能进行加持，进一步完善公司各项规章制度，以党建引领，凝心聚力，共同实现国企民企合作的辉煌成就"。这无疑也是市场和各方期待的声音。

“国有资本与民营资本融合发展，首要目标是把企业做强做优做大。”何思模先生如此说。国资入股，不只支持易事特升级主业、培育并壮大新兴产业，更有助于易事特持续市场竞争力提升，早日成为千亿级规模的世界一流企业。

未来可期，阔步向前

易事特今日的成功，是何思模先生呕心沥血、殚精竭虑地与各位同人一起铸造的，闪耀着他的人生智慧。下面一段对何思模先生的描述让我们看到了易事特优秀的原因：“重视研发，将技术作为公司第一生产力，以核心产品为公司产业基石；重视销售，推动全员营销模式，实现共生、共赢，‘以客户为中心、以市场为导向、以奋斗者为本’；重视人才队伍建设，公司内设易事特大学，以企业高级管理人员、一流的商学院教授及专业培训师为师资，通过实战模拟、案例研讨、互动教学等实效性教育手段，培养企业内部中、高级管理人才和‘专家型营销队伍’，为满足员工终身学习需要，不断针对性地提升和完善员工的能力水平，使人才培养贯穿员工成长的每一个重要环节。”

易事特现已成为全球数字产业与智慧能源综合解决方案提供商，主营 5G+ 智慧电源（5G 供电、轨道交通供电、智能供配电、特种电源）、大数据（云计算 / 边缘计算数据中心、IT 基础设施）、智慧能源（光伏发电、储能、充电桩、微电网）三大战略板块业务。易事特在全球设有 270 余个客户中心，营销及服务覆盖全球 100 多个国家和地区。

多年来，易事特作为最早落户松山湖的企业之一，始终坚持以产业报国为己任，积极参与东莞经济发展和社会建设，以高度的社会责任心和使命感，为东莞创造就业、出口创汇、纳税增收，累计缴纳税费逾 20 亿元。

恒健国资的入驻将充分发挥国有资本赋能和民营体制经营的混合所有制改革思路，推动聚焦 5G 供电、数据中心、充电桩、轨道交通等新基建发展，并进一步优化资产结构，不断提升企业市场竞争力。

同时，集团还秉持“以客户为中心、以市场为导向、以奋斗者为本”的理念，专注于产品技术质量和客户服务品质，着力数据中心、智慧电源、充电桩（站）、微网及储能、5G 供电、轨道交通及光储充一体化智慧能源系统等全方位解决方案，加大在国内、国际市场上的推广力度。

随着全球碳减排和经济一体化进程的不断深入，易事特紧抓“十四五”黄金发展机遇，品牌及技术优势进一步显现，并持续加速光伏、储能、充换电等智慧能源领域发展，同时在产业数字化、智慧城市等领域也极有潜力产生新的利润增长点，大有可为，前景可期。

| 专家洞察 |

易事特的长期主义与价值共生

易事特集团（SZ：300376）始创于1989年，是行业首批国家火炬计划重点高新技术企业与国家技术创新示范企业，也是全球新能源500强和竞争力百强企业。“百年企业，百年品牌”的企业愿景清晰传递了易事特“长期主义”的信仰，这种信仰也体现在其持续技术创新与管理变革两个方面。

易事特作为国内最早开发分布式发电产品并形成品牌效应的企业，不仅在数字经济时代保持了传统业务的稳定发展，还在智慧城市、电力物联网、大数据与智慧能源解决方案等领域进行布局，目前此类新业务已占业务总量的45%。

易事特还引入多名院士指导并实际参加公司的科研团队，采取项目制管理，通过前期合作开发、中期资源配备、后期绩效提成与变现分享，极大提高了人才积极性，并持续发挥最大化价值。

易事特的“价值共生”则体现为构建与达成利益相关者的共同发展目标。在内部管理上，易事特重塑组织与流程，通过标准化、模块化，实现各系统、各部门共议共商、共建共享，提供契合客户需求的产品与解决方案，达成以更低成本实现更高客户价值的共同目标；在外部关系上，各利益相关者，特别是各地合作方统一目标，信守承诺，围绕实现更高的客户价值不断做出努力。同时，易事特还秉持“多打粮者多分粮”，落实业绩考核指标，表彰先进，鼓励奋斗，促进各方同心协力，实现共创多赢。

中国管理模式易事特调研组：

/ 刘　杰　复旦大学管理学院教授

/ 李冰权　华夏基石高级合伙人、资深专家

/ 钟　皓　中国管理模式 50 人 + 论坛秘书处研究员

/ 李云竹　中国管理模式 50 人 + 论坛秘书处工作人员

第八章

2020 年企业数字化突破实践

桃李面包的数字化转型突破实践

问题与痛点

随着面包行业的发展，消费者对品牌的认知度越来越高，桃李面包股份有限公司（以下简称“桃李面包”）思考着：

（1）解决如何快速地把面包送达终端的问题。

（2）解决如何为公司的业务需求提供全面的数据分析，最大限度地满足公司的个性化需求的问题。

（3）解决终端陈列、盘点及如何基于消费者喜好进行精准配送与保持在架量的问题。

数字化实践

桃李面包的数字化创新方案，充分利用云计算、移动化等技术，构建了数字一体化的配送系统。此系统以消费者为中心的核心理念，结合面包在消费中返货率高的特点，有效地支撑了桃李面包新鲜送达的战略，并支持桃李面包快速发展。

在 2018 年底，桃李面包进一步研究大数据与人工智能在配送环节的应用，确定了两个创新点：一是图像智能化数字识别，实时掌握终端库存数据；二是利用大数据开展精准配送，通过数据找到那些优秀的配送者，研究这些配送者的特征，探索这些配送者的经验模型。

具体而言，桃李面包的数字化转型主要分为三个方面：数字化管理、数字化决策、数字化营销。

在数字化管理方面：管理前移，构建以新鲜送达为核心的数字一体化的配送体系，赋能配送员、直达终端。

在数字化决策方面：全局视角，把握市场动向，构建 360°信息工程体系，用数据赋能市场洞察。

在数字化营销方面：以消费者为中心，用数字科技赋能面包，鲜达、极致、分享。在这个消费互联网的时代，特别对于像面包这种快消品来说，口碑是迅速传播的，好的可以一夜成为爆品、售罄，不好的可以全部下架、返货。

数字化成效

2015 年上市时公司营收 25.63 亿元，2019 年营收 56.43 亿元，每年保持 15%～20% 的快速增长势头。在 2020 年，面对多元复杂的外部环境，业绩依然实现了稳步增长，上半年，公司实现营收 27.39 亿元，同比增长 7.08%；公司实现净利润 4.18 亿元，同比增长 37.54%。

比音勒芬的数字化突破实践

问题与痛点

在互联网日益普及的今天，通过网络购买服装逐渐成为主流服装消费方式。另外，此次新冠肺炎疫情对国内零售行业的冲击，也倒逼企业进一步思考数字化的意义。比音勒芬服饰股份有限公司（以下简称“比音勒芬”）思考的是：如何发展线上零售并积极构建数字化营销的运营模式？

数字化实践

比音勒芬一方面依托数字化会员管理系统构建数字化营销体系，另一方面分阶段建设数字化营销体系。

比音勒芬通过数字化会员管理系统建设，强化和统一消费者触达，并进一步强化移动互动入口、门店沟通工具、精准内容推送工具；构建全渠道消费者营销，打造会员体系、开发全渠道电子券应用与线上引流等手段。

另外，比音勒芬建设品牌 CRM 数据中心平台，实现会员数据移动化；全渠道会员打通，统一管理各渠道会员；完善各系统平台功能建设，形成会员整合营销体系；建立会员盈利性数据分析模型，时间会员数据全业务链驱动。

数字化成效

实施社交化会员管理系统，业绩高增长，会员贡献率超60%。数字化营销加持，“618”购物节线上销售同比增长 10 倍。与腾讯进行战略合作，开启数字化营销新时代。腾讯智慧零售为比音勒芬提供智慧门店升级、私域流量运营、IP 联名、广告营销、大数据应用等服务，从用户痛点出发，合理提出解决方案。

弘阳服务集团的数字化突破实践

问题与痛点

弘阳服务集团有限公司的思考是：如何通过数字化变革、科技手段赋能现代物业管理？

数字化实践

弘阳智慧小镇一体化平台从架构上划分为云平台、智服务、惠生活，三层架构对不同层级用户提供相应的服务。其功能上通过基础服务链接人、空间和生活；通过增值服务，链接品质和价值；通过特约服务，链接幸福和惊喜；通过和谐社区服务，链接亲情和梦想，实现业主对美好生活的追求。

云平台 经过多年的信息化建设，弘阳服务信息化布局已成功打通了财务、运营、经营、业务和人力五大业务的系统壁垒。弘阳服务信息化在客户端覆盖诸如弘生活 App、弘商汇 App、弘停车、供方系统，建立与客户服务沟通的桥梁。在多方面建立了租售业务管理、社区资源管理系统，实施了社区增值业务经营活动。

智服务 包含：集团数据中心及智能视频监控系统；智能门禁系统；智慧停车系统；移动巡检（EBA）系统；智能 POS 收费

系统；弘客关怀系统；抢单管理系统。

惠生活　包含：惠员优选系统；弘生活社区服务平台；弘服务社区服务平台（物业端 App）；弘商汇 App。

数字化成效

弘阳智慧小镇一体化平台对内实现了所有的信息系统互通，通过建立基础数据管理机制，从人员信息、成本费用、经营性资产等核心业务数据实现精细化、可视化管理，给管理决策提供依据。

弘阳智慧小镇一体化平台对外通过弘生活 App 的功能迭代，从基础服务提升入手，全面提升客户体验和企业品牌形象及满意度。

弘阳智慧小镇一体化平台已将信息化覆盖到全员，全面支持移动办公，提效降本，支持未来多元化经营。

张家口银行的数字化转型突破实践

问题与痛点

张家口银行思考的是：如何应对未来业务量增长，发展互联网线上金融业务，推进数字化转型？

数字化实践

一是上线核心系统，提升科技支撑。上线22个新建系统，包括核心业务系统、综合客户服务中心、自助渠道整合平台、中间业务平台、大总账等。

二是构建风控体系，强化科技赋能。上线了非现场审计系统，进一步强化了对业务的全流程实时预警监控。研发智能内控系统，利用现有的银行监控系统，应用视频智能分析技术，结合物联网、大数据及其他技术，对营业室等日常操作重要区域进行智能监控。

三是提升创新动力，助力零售转型。利用互联网科技及大数据风控技术，加强与蚂蚁金服等头部金融机构合作，共同研发创新性零售产品，为客户开辟了新的融资渠道，全面满足客户多元化需求。

四是重塑组织架构，完善服务体系。搭建敏前台、大中台、强后台的架构体系，重塑四大前台（公司金融中心、零售金融中心、惠民金融中心、金融市场中心），五大中台（数据研发中台、风控中台、内控中台、资产保全中台、村镇银行服务中台），一大后台（综合服务后台），发挥数据中台、技术中台、业务中台、风控中台对前台业务的支持，全面提升全行业务的创新创造能力和快速迭代能力。

数字化成效

从根本上解决了银行 IT 系统不支持高并发、系统性能慢等问题；为银行提供各类互联网产品的跨界组合、同业合作产品融合、产品销售和营销管理、场景接入、合作渠道管理等业务服务，为实现互联网线上金融业务打下坚实的基础。重构网点服务流程，简约柜面操作，形成企业级综合化的、智慧化的操作流程，提高服务效率，降低运营成本，打造出全渠道协同的客户服务模式。

深圳市人才安居集团的数字化转型突破实践

深圳市人才安居集团有限公司（以下简称“人才安居集团”）于2016年6月30日注册成立，为深圳市国资委直管企业，作为市委市政府保障人才安居乐业的平台，具有政策性和功能性，专责从事公共住房投资建设和运营管理。人才安居集团致力于通过企业化运作和市场化手段，提升人才住房筹集建设效率，加大人才住房和服务的保障力度。

问题与痛点

人才安居集团在项目管理平台建成之前，工程项目建设作业效率低，业务管理无有效抓手，下发制度难以落实，项目多、资金大、人员少、统筹难、廉政风险高是人才安居集团工程建设工作中面临的现状。面对上述困难，人才安居集团以边集结、边行军、边打仗的工作状态提早布局，以制度为牵引，通过管理手段和信息化手段齐头并进的方式探出了一条数字化转型的新路子。

数字化实践

面对人才住房建设的艰巨任务，人才安居集团数字化从顶层设计开始，通过制订科学周密的信息化规划，启动数字化建设。数字化进程从工程项目管理系统一期建设开始，此项工作从2018年6月启动，历经18个月，实现了项目管理计划、成本、招采、质量、安全业务数字化管理。项目二期于2019年启动，完成了项目投资管理和数字化经营大屏，实现了7个数据大屏、PC页面、移动端三屏互动，借助数字化分析加强了企业管理。整个数字化过程主要体现在以下几个方面。

（1）全流程业务数字化，规范项目管理。实现了人才安居集团在建所有项目的投资、计划、成本、招采、质量、安全等项目全流程核心管理数字化，有效规范业务执行，并通过工作流集成规避“审批与执行两张皮”的问题，业务办理同时沉淀数据，审计效率提升80%。

（2）制度得到高效落实，提升管控水平。数字化平台为项目部、工程管理部门、招采管理部门、成本合约管理部门提供了多部门协同作业的手段，通过业务数字化将职能管控抓手由人为控制转为信息化控制，同步推进业财一体化进程，实现业务系统与财务系统对接，用信息化手段严控施工类合同付款流程，须同时办结前序业务才允许发起，避免变更未办结先付款的情况发生，有效规避付款超付风险，同时帮助快速识别进度延误、安全隐患、质量问题遗漏等六处重大风险。

（3）大数据实现智慧决策和监督。通过数字化，人才安居集团实现了项目管理、财务、运营等11个异构业务子系统的数据归集，确保了数据来源的一致性和准确性，有效避免了数据打架，实现了对核心经营决策指标的异常情况预警，辅助人才安居集团及所属企业领导决策，发现异常并及时纠正。同时，监督部门利用数字化平台，实现业务管理与监督工作信息共享，使监督工作与生产经营工作紧密结合，避免重复监督和多头监督，降低监督成本，提升监督效能。

数字化成效

人才安居集团数字化进程以信息化规划为引领，不到三年时间，对投融资、筹建、租赁三大板块实现了数字化覆盖，以数字化加强企业管理精细化、规范化；借助大数据和物联网技术，将各业务系统数据互联互通，实现在建工地可视化监管，完成了经营分析和智慧工地等决策平台建设，解决数据“通、存、治、用”等问题，在业务数字化的基础上，数据资产价值和数字化决策转型优势凸显。截至2021年6月，人才安居集团数字化平台已支撑60个在建开工项目的业务开展，总建筑面积约900万平方米，累计筹建公共住房13.43万套，在实现中国特色社会主义先行示范区公共住房标杆企业、助力深圳打造“住有宜居”的民生幸福标杆过程中发挥着更大的作用！

中国管理模式杰出奖

2008年，在全国人大原副委员长成思危先生的指导下，中国管理现代化研究会与金蝶国际软件集团有限公司联合中欧国际工商学院、北京大学光华管理学院等六大管理学院，发起中国管理模式杰出奖（Chinese Management Model Research，CMMR）遴选活动，旨在发现并表彰优秀的中国企业管理实践。

从2008年至今，CMMR已经调研超过20个行业，深入研究包括海尔、新希望、万科、腾讯、云南白药等在内的超过120家知名企业，深度访谈超过1500位企业高层，编写超过150万字的案例研究报告，形成了风格鲜明的实地调研方法及流程，传播杰出的管理理念，推广可借鉴的管理模式与案例。CMMR经过10多年的发展积淀，已成为中国管理界最具影响力的奖项之一。

中国管理模式 50 人 + 论坛

“中国管理模式 50 人 +”论坛（简称 C50+ 论坛）是在总结 10 年中国管理模式杰出奖经验的基础上成立的。2017 年，首届 C50+ 论坛成功召开，论坛由致力于研究中国管理模式的管理学者和有一定影响力的企业家共同发起，以“让中国管理模式在全球崛起”为使命，以“知行合一”为核心理念，致力于促进理论与实践的对话、交流与合作，推动中国企业管理进步。

2020 年，C50+ 专家团队通过实地调研一些知名企业和与其高管们交流讨论，总结出这些企业得以在长期发展中脱颖而出的管理要素，将这些成功的经验系统化和理论化，总结发布《2020 中国管理模式 50 人 + 年度洞察报告》，向社会分享研究成果。

致　谢

编委会在此首先要感谢“中国管理模式 50 人 +”论坛的专家们对本书的支持。从奔赴多个城市进行现场调研，再到完成本书的各章写作，可以说本书集合了专家们的智慧。

首先，特别感谢第一章的主要作者陈春花、杜运周、王祥伍；第二章的主要作者魏炜、刘壮志；第三章的主要作者谢志华、朱武祥、刘军、孙波；第四章的主要作者乐国林、张廷智；第五章的主要作者刘杰、任兵、汪平安；第六章的主要作者魏炜、夏惊鸣；第七章的主要作者刘杰、李冰权。

其次，对于 2020 年度中国管理模式杰出奖的获奖企业以及相关高管在百忙中接受专家们的访谈与调研，编委会亦表示感谢。

它们是云南白药集团股份有限公司、科大讯飞股份有限公司、京东方科技集团股份有限公司、中国一拖集团有限公司、福建七匹狼实业股份有限公司、杰克缝纫机股份有限公司、深圳百果园实业发展有限公司、易事特集团股份有限公司、青岛啤酒股份有限公司、桃李面包股份有限公司、比音勒芬服饰股份有限公司、弘阳集团有限公司、张家口银行股份有限公司、深圳市人才安居集团有限公司（排名不分先后）。

最后，编委会要感谢金蝶集团对本书出版给予的支持。感谢金蝶集团董事会主席徐少春先生十多年如一日对中国管理模式杰出奖的全力支持。同时感谢晶澳集团等对第 13 届中国管理模式杰出奖颁奖盛典的大力支持。

祝愿中国管理模式在全球崛起！

《长期主义 价值共生：解码中国管理模式 2020》编委会